Dife Anjandre a

Dife 18 - Seri 1

Gwo vèti nou jwen nan san Jezikri a

Avangou

Nan Liv Jenèz la, nou jwen ke Letènèl koud rad li fè ak
po zannimo pou 'li abiye Adan ak Ev. Jen.3 :21
Fòk li te touye anpil bèt pou 'l te jwen po yo. Konsa
anpil san te koule. Se te pou premye fwa nou tande kote
san te koule sou latè. Dezyèm fwa nou tande sa, se lè
Kayen te touye frè li Abèl. Jen. 4 : 8-11
Toulede istwa sa yo te la pou anonse sakrifis san Jezikri
pou 'lave peche tout moun sou latè.
Nan seri leson ki rele "**Gwo vèti nou jwen nan san
Jezikri a**", nou pral jwen tout detay pou enstri nou e
pou bay Bondye nou an glwa.

Pastè Renaut Pierre-Louis

3

Leson 1
Ki valè san Jezikri genyen

Vèsè pou prepare leson an: Egz. 12 :13 ; Jan.3 :16 ; Tra.4 :12 ; Rom.3 :23 ; 6 :23 ; Ebre.9 :12, 22 ; 13 : 20 ; 1Pyè.1 :20 ; Rev. 13 :8
Vèsè pou 'li nan klas la : Ebre.9:11-15
Vèsè pou resite : Paske, sa se san mwen, san ki siyen kontra Bondye fè a, san ki koule pou anpil moun jwenn padon pou peche yo. Mat. 26:28
Fason pou fè leson an : Diskou, konparezon, kesyon
Bi leson an: Prezante san Jezikri tankou sèl mwayen Bondye bay pou peche nou padonen.

Pou komanse
Pouki sa n ap poze kesyon sou valè ki genyen nan san Jezikri ? Eske Bondye li menm pat deside pou sakrifye l tankou yon ti mouton, depi avan menm la tè te gen moun ladan? An nou gade bagay yo byen. Rev.13 :8

I. Ki jan pou nou eksplike valè ki genyen nan san Jezikri?
  1. San sa se yon siyati ki bon pou tout tan gen tan.
     a. Pou sove yon pèp.
       Kan Letènèl t ap pase pou 'l frape Lejip, li pat kite lanj li te voye a frape okenn mezon ki te gen san ti mouton an sou lento pòt yo. Egz.12 :13
     b. Pou sove le monn antye
       Jezi te antre yon sèl fwa nan lye ki pi sen an; se pat ak san bouk ni ti bèf men ak san pa l pou rachte nou nan peche nou. Ebre.9 :12 ; 13 :20

2. Sa te deja deside lontan nan plan Bondye.

   Bondye rachte nou gras a san presye Jezikri paske li te yon ti mouton Bondye ki pat genyen okenn defo e li te konstri li mete la pou nou avan la tè te egziste. Men se kounyeya li manifeste l parapòt a nou nan dènye tan an. 1Pyè.1 :20

   Bondye te déjà konnen nou pral chite. Konsa li pran Jezikri pou pare so a pou nou. Rev.13 :8

3. Pèson pa kap chanje desizyon saa. Jan.3 :16

   Se jistis Bondye menm ki mande sa.

   Rom.3 :23 ; 6 :23

   Li deklare ke si san pa vèse, nou pap janm jwen padon pou peche nou. Ebre.9 :22

4. Desizyon sa li bon pou **tout moun**. Puiske **tout moun** peche, Bondye prevwa yon sèl sakrifis la pou sove **tout moun**. Apre li, pa gen lòt ankò. Rom.3 :23 ; Tra.4 :12

Pou fini

Ala yon Papa ki konn prevwa ! Zanmi m mache prese pou w jwen favè Bondye saa.

Kesyon

1. Koman nou kap eksplike valè ki genyen nan san Jezikri a ?
   a. Li bon pou sove le monn antye.
   b. Sa te déjà prevwa nan plan Bondye.
   c. Se yon desizyon li pran pou tout moun.
2. Pouki sa Bondye prevwa sove lòm avan li te peche ? Paske Bondye konnen tout bagay.
   a. Pouki sa nou di ke moun pa kapab chanje desizyon sa ? Paske se konsa Bondye deside 'l pou satisfè jistis li.
   b. Paske fòk te genyen yon sakrifis ki fèt pou repare fòt Adan ak tout pitit li yo.
   c. Paske si san pa koule pap janmen gen padon.

3. Vre ou fo
   a. Te genyen eleksyon nan syèl pou chwazi yon sovè. __ V __F
   b. Jezi te anvi vizite latè premye fwa pou fè vakans li __ V __F
   c. Bondye te vle sove lòm ke li te kreye e ki sanble ak li tèt koupe. __ V __ F
   d. Bondye te bay Satan yon gwo kòb anba pou bandonen pwosè a. __ V __ F
   e. Bondye pa gen anyen li dwe Satan. __ V__ F
   f. Bondye vle sove lòm pou satisfè jistis li. _ V _ F
   g. Bondye sove nou paske li renmen nou. __ V __ F

Leson 2
San Jezikri se yon visa pou syèl la

Vèsè pou prepare leson an : Mat. 11:28; Jan. 1: 16;
3:16; 5 :39 ; 6 :50-56 ; 10 :28 ; Tra.4 :12 ; 13 :38 ; Rom
4 :25 ; 8 :1 ; 5 :1 ; 14 :17 ; Ef.2 :8-10 ;
Vèsè pou 'li nan klas la : Jan.6 : 48-56
Vèsè pou resite : Moun ki manje kò mwen, ki bwè san
mwen, li gen lavi ki p'ap janm fini an. Mwen gen pou
m' fè l' leve soti vivan nan lanmò nan dènye jou a.
Jan.6 :54
Fason pou fè leson an : Diskou, konparezon, kesyon
Bi leson an : Prezante san Jezikri tankou baz de fwa
nou pou nou kap sove.

Pou komanse
Yon visa pou syèl la? Ki gwo koze sa ? Se pa anbasad
bò isit la. Se Bondye menm kap siyen visa nou pou syèl
la ! Gade non !

**I. San Jezikri fè nou jwen la vi ki genyen nan
Bondye.** Jan.6 : 50-56
   Yon sèl dokiman ki gen valè nan Imigrasyon
   Bondye, se lè yon pechè avwe ke li pèdi, ke se Jezi
   sèl li fè konfyans pou sove l. Mat.11 :28
   1.   Fòk ou kwè ke se san Jezi sèl ki te koule pou
        bay ou la vi. Jan.3 :16
   2.   Fòk ou kwè ke pa gen lòt demach ou kap fè
        pou w kap sove. Tra.4 :12
        Bon zèv ou, ran sosyal ou, konesans ou,
        relijyon w ak tout sa ou panse, yo yonn pa kap
        sove w. Ef.2 :8-10

Jezikri pa janm voye nou nan pye sen ni nan yon relijyon. Li di nou pou nou vin jwen li pou nou gen la vi. Jan.5 :39

II. San Jezikri vini ak yon kantite benefis ladan.
Jan.1 :16
Sa vle di: Men sa nou jwen ansanm ak lavi pou toutan an. Nou jwen :
1. Padon pou fòt nou yo. Tra.13 :38
2. Lapè ak Bondye. Rom.5 :1
3. Lajwa ki soti nan Sentepri a. Rom.14 :17
4. Sekirite pou nanm nou. Jan.10 :28; Rom.8 :1

III. Ki kondisyon pou w kapab jwen tout sa yo ?
Fòk ou manje e bwa san Jezikri a. Jan.6 :54
Men sa sa vle di :
« Pou w kap sove, se pou w aji fwa w pou w aksepte ke Jezikri te vèse san 'l pou padon peche w, ke li te resisite pou retire w anba jijman devan tribinal Bondye. Rom.4 :25

Pou fini
Se sa ke Bondye ofri gratis a tout pechè. Di m ki moun, anwetan Jezikri ki kap fè sa pou w ? Kounyeya, se w menm ki konn sa wap fè. Gade mon chè, pa rete deyò a ankò. Mwen soupriye w.

Kesyon

1. Ki sa san Jezikri reprezante nan leson ? Yon visa pou syèl la

2. Ki sa san an fè pou nou ?
Li bay nou dwa pou jwen gras Bondye ak yon kòlonn privilèj

3. Ki jan pou nou jwen la vi nan Bondye ?
   a. Toudabò fòk nou asepte ke nou pechè ki pèdi.
   b. Fòk nou kwè, si se pa Kris, pa gen sove pou nou
   c. Fòk nou asepte ke relijyon ak bon zèv pa kapab sove pèsonn.

4. Di ki lòt benefis nou resevwa ak Sali a? »
Ak Sali a nou jwen padon, lapè, lajwa, sekirite nanm nou pou toutan.

5. Ki sa pou w fè pou resevwa benefis sa yo ?
Fòk ou manje e bwa san Jezikri

6. Sa sa vle di ?
Pou w kap sove, se pou w aji fwa w pou w aksepte ke Jezikri te vèse san'l pou padon peche w, ke li te resisite pou retire w anba jijman devan tribinal Bondye.

7. Vre ou fo
   a. Si nou fè pòv charite nap sove. __ V __ F
   b. Relijyon m ka sove m. __ V __ F
   c. Depi m fè penitans m ap sove __ V __ F
   d. Mwen sove paske Jezi déjà peyé pou Sali m __ V __F

Leson 3
Ki jan konpare san nou ak san Kris la

Vèsè pou prepare leson an : Mat.5 :3-9 ; 9 : 36 ; Lik. 19 :33 ; Jan. 8 : 11 ; 12 : 4-8 ; 17 :19 ; Fil.2 :6-7 ; Kol.3 :13

Vèsè pou 'li nan klas la : Mat.5 : 3-9

Vèsè pou resite : Benediksyon pou moun k'ap travay pou lèzòm viv byen yonn ak lòt, paske Bondye va rele yo pitit li. Mat .5 :9

Fason pou fè leson an : Diskou, konparezon, kesyon

Bi leson an : Montre tout chemen pou nou pase pou nou sanble ak Jezi.

Pou komanse

Kris gen plas nou rezève pou chita ansanm ak li nan syèl la. Men, nan ki kondisyon ? An nou chita sou Mòn n nan pou nou tande mesaj li a :

Toudabò men ki jan li vle nou ye

I. **Li vle nou gen imilite.** Mat.5 :3
   Jezi te bay egzanp la : Tout moun konnen li se Bondye depi nan komansman. Men pandan misyon 'l sou tè saa, li pa fè okenn gran banda pou mache di moun li se Bondye. Li pito bese tèt li tankou yon sèvitè. Fil.2 : 6-7

II. **Li vle nou dou.** Mat.5 : 5
   Jezi te bay egzanp la : Li montre nou ki jan pou nou kenbe bouch nou, ki jan pou nou fèmen zye nou, ki jan pou nou bouche zorèy nou pou nou viv pami moun.

San sa, nap mal pou viv ak yo, sitou si ou jwen ak yon Jida ki pap janm vle fè bon regleman ak kòb ki nan kès la. Jan.12 : 4-8

III. **Li vle nou gen kè sansib**. Mat.5 : 7
Jezi te bay egzanp la : Kè li te touche devan pwoblèm moun yo. Nou dwe montre kè sansib tankou bon Samariten an. Mat.9 :36 ; Lik.10 :33

IV. **Nou dwe pou nou pa gen move lide nan tèt nou** Mat. 5 : 8
Jezi te bay egzanp la. Jan. 17 : 19
Pou w kapab konsa, se pou w koute Pawòl li. Jan.15 : 3
Se sèl mwayen pou w wè Bondye. Mat. 5 :8

V. **Se pou nou viv byen yonn ak lòt. Mat. 5 : 9**
Jezi te bay egzanp la : Li padonen fanm ki te fè adiltè a san li pa desann figi fanm nan devan moun. Jan.8 : 11
Lapòt Pòl mande nou pou nou yonn padonen lòt menm jan Bondye padonen nou nan Kris. Col.3 :13

Pou fini
Men nan ki kondisyon nou kap sanble ak Kris. An nou wè !

Kesyon

1. Dapre leson saa, ki kondisyon pou nou kap chita bò kote Jezikri nan syèl la?
   Fòk nou gen imilite, fòk nou dou, fòk nou gen kè sansib, fok nou sanktifye, fòk nou konn viv ak moun.

2. Ki sa sa vle di pou nou gen imilite » ?
   Se pa pou nou ap fè gran banda.

3. Ki sa sa vle di pou nou dou » ?
   Fòk nou konn fèmen bouch, fèmen zye, bouche zorèy nou.

4. Ki sa sa vle di gen kè sansib » ?
   Se lè nou bay atansyon a pwoblèm frè ak sè nou.

5. Ki sa sa vle di pou nou sanktifye ?
   Se pou nou gen kè pi » ?

6. Ki sa sa vle di pou nou viv byen yonn ak lòt ?
   Se pa pou nou rete sou sa moun fè nou ki mal.

Leson 4
Sa nou dwe evite

Vèsè pou prepare leson an : De. 32 :35 ; Mat. 5 :21-37 ; Ga.5 :19

Vèsè pou 'li nan klas la : Mat.5 : 21-26

Vèsè pou resite : Frè mwen renmen anpil yo, men yon bagay pou nou toujou chonje. Se pou tout moun prese louvri zòrèy yo pou yo ka tande. Men, pa kouri pale, pa prese fè kòlè. Jak.1 :19

Fason pou fè leson an : Diskou, konparezon, kesyon

Bi leson an : Pale de dezyèm kondisyon pou yon kretyen ka sanble ak Jezi.

Pou komanse
Nan leson avan an, nou te pale de ki jan pou w ka ye pou w sanble ak Jezi. Jodia nou pral pale de ki sa pou w pa fè pou w sanble ak Jezi.

Men ki sa pou w évite :

I. Nou dwe evite gwo kolè ak tout konsekans li yo.
Mat. 5 : 21-23

Kolè a se yon move santiman ou gen nan kè w ki fè w vin vyolan jiskaske ou fè zak ou gen pou w regrete pita. Par egzanp :

1. Lè w joure yon moun, ou di 'l enbesil (Raka) Mat.5 :22

2. Lè w di moun nan li fou, li pa byen nan tèt. Mat.5 :22

3. Lè ou touye pwochen w :
   Se kolè ki pote w fè tout bagay sa yo. Li fè w fè move zak ki pral kanpe kont ou.

II. **Nou dwe evite rankin**. Mat. 5 : 23-26

Rankin nan menm se sonje nap sonje sa moun te fè nou. Nou gade 'l nan kè. Lè saa, nou kap gen lide vanje. Se bagay ki kap gate sante nou e gate relasyon nou ak moun. Bondye te di nou « Zafè vanjans la, lage sa nan men l » De.32 :35

III. **Nou dwe evite adiltè, fonikasyon ak fason pou fè moun tonbe nan peche ak nou**.

Mat. 5 : 27-30

1. Zafè ti jwèt karese nan men, karse nan lòt kote nan kò moun nan, nan kote ki sansib li yo. Mat.5 : 30

2. Nan zafè file moun nan, n ap di 'l pawòl pou bay li espwa alòske nou déjà marye. Apòt Pòl rele sa zafè moun deregle. Ga. 5 : 19

3. Zafè make patnè mal viv pou fòse l divòse. Mat.5 :32

   Pou byen di w, fòk ou evite mete w nan yon pozisyon pou Dyab la pa oblije w fè sa w pap gen kouraj pou w refize.

IV. **Nou dwe evite fè sèman**. Mat.5 :33-37

Jezi pa vle tande koze saa.

Pou fini

Se ou menm ki konnen pou w evite yo. Si ou manke kouraj, rele Jezi.

Kesyon

1. Ki sa w dwe fè pou fè pou w sanble ak Jezi ?
    Fòk ou evite gwo kolè, rankin, adiltè, fonikasyon ak fo sèman.

2. Ki sa kolè a ye ?
    Se yon move santiman ou gen nan kè w ki fè w vin vyolan jiskaske ou fè zak ou gen pou w regrete pita.

3. Ki sa rankin nan ye ?
    a. Rankin nan menm se sonje sa moun te fè nou.
    b.Li fè w gen lide vanje.
    c. Li kap nwi sante w

4. Ki diferans ki gen ant adiltè ak fonikasyon ?
    a. Adiltè se lè ou fè sèks ak yon lòt moun pandan ou marye déjà.
    b. Fonikasyon an se fè sèks ak yon lòt moun pandan ou pa marye ak li.

5. Pouki sa nou di ke ti karès ak kò moun nan se yon peche ?
    Paske konsa ou ka sedui 'l pou fè l tonbe nan peche avè w.

6. Kan w deja marye, wap file yon lòt moun, ki jan bib la rele sa ? Vi deregle

7. Ki moun ki merite blanmen nan divòs la?
    Moun nan ki mennen divòs la.

Leson 5
Ki sa nou dwe kite

Vèsè pou prepare leson an : Mat.5 :38-42 ;
Lik.6 :30-35
Vèsè pou 'li nan klas la : Mat.5 : 38-42
Vèsè pou resite : Bay lè moun mande ou. Pa refize
prete moun ki mande ou prete. Mat.5 : 42
Fason pou fè leson an : Diskou, konparezon, kesyon
Bi leson an : Pale de twazyèm kondisyon pou yon
kretyen kap sanble ak Jezi

Pou komanse
Jan tanperaman w ye a se konsa w ye. Sa w dwe kite a
se soukont ou li ye. An nou pale de sa w dwe kite.

Sa li menm li soti nan konsekrasyon w. Men sa w dwe kite :

I. **Ou dwe bandonen vye diskisyon**. Mat.5 :38
   Ou vle se ou ki pou toujou gen rezon. Poutan ak
   rezon ou vle genyen toutan an, ou detri relasyon ak
   moun, ou fè moun pa vle wè w. Nan foutbòl la vi
   a, pran Bondye pou abit, li va di w : « Fè lese tonbe ».

II. **Ou dwe sispann joure tout la jounen.**
   Mat. 5 : 39-40
   Gen moun ki nwi lòt moun pou bay tèt yo valè. Pa
   okipe w de moun konsa. Lè yo bouke ya wont e ya
   rete trankil.

16

III. Sispan fè diskisyon, rebelyon ak kenbe tèt ak moun. Mat. 5 : 41

Nan tan Jezi tap viv sou tè a, Izrayèl te sou kont Lanperè Romen.

Konsa, yon Romen te gen dwa mande yon jwif pou pote chaj li gratis nan yon distans de preske de (2) kilomèt. Lè konsa, Jezi di jwif yo ofri Romen an pou fè yon lòt kilomèt ankò gratis. Premye 2 kilomèt la se te yon obligasyon. Dezyèm nan se yon ak damou paske Jezi di se pou nou renmen lènmi nou. Sa kap byen chanje kè moun nan.

IV. Sispann fè egoyis Mat 5 : 42

Lè ou rann sèvis a nenpòt moun ki mande w, se yon privilèj li ye. Se Bondye ki bay ou yon okazyon pou w itil, men se pa yon okazyon pou w imilye moun nan. Sansa, wap fè moun rayi w pou gremesi. Jezi di nou, « se pou nou prete moun lajan san mete espwa ke l'ap renmèt kòb la ». Lik.6 :35

E si yon moun volè zafè w, p al goumen ak li pou reklamen l. Lik.6 : 30.

Pou fini

Ou wè tout sa w gen pou w bandonen ! Sa mande yon bon konsekrasyon. Eske w la byeneme ? Se sa mwen swate pou w.

Kesyon

1. Ki sa pou nou kite pou nou sanble ak Jezi ?
   Fok nou kite diskisyon, joure, sispann fè egoyis.

2. Ki jan zafè diskisyon an leve ?
   Ou vle se ou menm ki pou toujou gen rezon..

3. Ki sa Jezi mande nou ? Pou nou fè lese tonbe. »

4. Pouki moun renmen fè pale anpil ? Pou 'leve tèt
   yo, pou nwi lòt moun.
5. Ki jan kolon Romen yo te konn abize jwif yo ? Yo
   te oblije yo pote chaj yo nan yon distans pase yon
   kilomèt.

6. Ki sa Jezi di nan sa ? Fè de fwa la valè ak yo?

7. Pouki sa ? Premye kilomèt la obligatwa. Dezyèm
   nan se lanmou nap montre a lènmi nou yo

8. Lè nou fè yon moun kado, ki jan nou dwe wè sa ?
   a. Se tankou yon privilèj Bondye bay nou pou nou
      itil.
   b. Se pa yon okazyon pou imilye moun nan.

Leson 6
Ki sa nou dwe genyen

Vèsè pou prepare leson an : Mat.5 :14, 44-48 ;
Lik.23 :34 ; Jan.8 :12 ; 14 :20 ; Tra.16 :31 ; Ef.3 :20 ;
Kol.1 :27 ; 1Jan.3 :2

Vèsè pou 'li nan klas la : Mat.5 : 43-48

Vèsè pou resite : Non, nou fèt pou nou bon nèt,
menm jan Bondye Papa nou ki nan syèl la bon nèt.
Mat.5 :48

Fason pou fè leson an : Diskou, konparezon, kesyon

Bi leson an : Montre katriyèm kondisyon pou nou
sanble ak Jezi.

Pou komanse
Vi kretyen an se yon batay. Yon moman ou genyen,
yon moman ou pèdi. Si ou vle genyen viktwa toutan, se
pou w obeyi a Senyè a.

I. Fòk ou menm jan avè 'l.
1. Se pou w tankou Kris ki limyè monn sa.
   Mat. 5 :14 ; Jan.8 :12
2. Kris nan Papa 'l, ou nan Kris, Kris nan ou.
   Jan.14 :20

II. Fòk ou gen yon gran kè. Mat. 5 : 44-47
Pa okipe w de tout ti detay. Se pou w toujou di : « Si
Kris te nan plas mwen, ki sa'l ta fè nan ka
saa: » Mat.5 :48

III. Alafen se pou w'
1. Renmen lènmi w yo. Mat.5 : 44
2. Se pou w evite tout frivolite.
3. Se pou w beni moun ki modi w. Mat.5 :44

4. Konnen Bondye ap mete lènmi w yo nan yon kondisyon pou w genyen dekwa pou fè yo charite. Mat.5 : 11-12

5. Se pou w fè byen a moun ki rayi w. Mat.5 :44
   a. Moun pa gen dwa modi w ni rayi w, sitou si yo kretyen, paske Kris abite nan la vi w. Kol.1 :27
   b. Fè lènmi w yo dibyen ononde Jezikri. Mat.5 :44

6. Priye pou bouro kap maltrete w. V.44
   a. Jezi te di pou nou padonen yo paske yo pa konn sa yap fè. Lik.23 :34.
   b. Nou vle kwè ke Pòl ak Silas te priye pou bouro a paske misye pat pran tan pou 'l te konvèti. Tra.16 :31
   b. Tout sa yo posib si san Jezi ap koule nan venn ou. Wap kap fè tout bagay gras a pisans li kap aji nan ou. Ef.3 :20

Pou fini

Ou wè ki jan ou kap vinn zero fòt, pou w gen menm san ak Jezikri? Pawòl sa yo rèd anpil. Men yo nesesè. Koman zanmi m, wap leve defi a? Mat.5 :48 ; 1Jan.3 :2

Kesyon

1. Ki sa pou nou fè pou nou sanble ak Jezi.?
   a. Bat pou w tankou li.
   b. Se pou w limyè monn nan tou.
   c. Fòk Kris nan Papa l, ou nan Kris, Kris nan ou
   d. Fòk ou renmen lènmi ou yo.

2. Ki jan pou w montre ou gen yon bon kè ?
   Se pou w mande si Kris te nan plas ou ki sa l
   ta fè nan ka saa

3. Ki jan pou w limyè pou monn saa ?
   Se pou Kris parèt nan la vi w.

4. Ki avantaj ou genyen kant ou gen lènmi ?
   Ou veye pi plis sou kondit ou.

5. Ki jan pou w rive renmen lènmi w ? Si sèlman
   san Jezi ap koule nan venn ou.

6. Ki moun ou konnen ki priye pou bouro l yo ?
   Jezi, Pòl ak Silas

7. Vre ou fo
   a. Mwen dwe fè fèt kan Bondye frape lènmi
      m yo. __ V __ F
   b. Mwen dwe priye pou 'lènmi m yo konvèti
      kan Bondye frape yo. __ V __F
   c. Premye lènmi m se mwen menm. Mwen
      renmen tèt mwen malgre defo m
      __V__ F

Leson 7
San Jezi se drapo m

Vèsè pou prepare leson an : Jan. 8 :12 ; 14 :6 ; Ef.2 :
21 ; Fil.2 : 7-10 ; Kol.2 :14 :17 ; Ebre.12 :13
Vèsè pou 'li nan klas la : Ebre.12 :12-17
Vèsè pou resite : Mache kote ki plat pou pye k'ap
bwete a pa foule pi plis, okontrè pou 'l' ka geri.
Ebre.12 :13
Fason pou fè leson an : Diskou, konparezon, kesyon
Bi leson an : Montre koman san Jezikri dwe make vi
yon kretyen.

Pou komanse
Lemonn antye anba pisans Satan. Ki jan pou nou kap
viv nan monn sa e gen viktwa sou Satanledyab?
Map bay ou sekrè a kounyeya :

I. Toudabò, fòk ou obeyi Kris san gade dèyè
1. Fòk nou sonje ke kretyen ap viv nan monn saa
    men li pa gen dwa patisipe nan sa lemonn ap fè
    paske li pa sou zòd Satanledyab.
2. Li dwe rete nan ti moso kote Kris bay li a
    pou 'l viv.
3. Li dwe swiv egzanp Kris. Men sa li di:
    a. « Se mwen ki chemen an, Swiv mwen ».
       Jan.14 :6
    b. Se mwen ki limyè le monn, Swiv mwen.»
       Jan.8 :12
    c. Ou dwe bay bon egzanp pou w pa kòz ke
       frè w chite. Ebre.12 : 13

II. Kretyen dwe pran Kwa Kris la pou drapo'l.

Vi li make ak san Jezikri.

1. Kwa sa se sèl otorite Dyab la konnen pou 'l bese devan l. Fil.2 : 10

2. Paske se sou kwa a Kris te gen dènye viktwa a sou li. Kijan?

   a. Jezi te kite tout glwa li pou 'l vin sove nou menm pechè pèdi. Pa gen okenn lòt nan syèl la ki te kap asèpte sa. Fil.2 : 7-8

   b. Se sou kwa saa Kris kraze tout pouvwa Lwa ak tout egzijans li yo ki lakòz nou te kondanen. Kol. 2 : 14-17

   c. Jezi bat Satan sou pwòp teren'l. 1Jan.3 :8 ; Rev.20 :10

   d. Tout moun, ke w nan syèl, ke w sou la tè , nenpòt kote w ye, ou dwe bese tèt ou devan otorite Kris la. Nou menm, se sou kote'l nou pral chita pou pataje glwa li. Jan.14 :3. Ef.2 :21 ; Fil.2 : 10

Pou fini

Se pou nou fèmen zye nou, zorèy nou ak bouch nou devan avantaj monn sa genyen, paske bitasyon nou ak kouwòn nou se anro yo ye.

Kesyon

1. Ki lès kap gouvènen monn saa ? Satan

2. Ki ta dwe pozisyon kretyen nan monn saa ? Li dwe viv lwen teritwa Satan

3. Ki sal dwe fè pou 'l prezève tèt li de monn saa ?
   a. Li dwe obeyi Kris san gade dèyè
   b. Li dwe pote kwaa pandan l'ap swiv tras Jezikri.

4. Ki sa Senyè a mande 'l ?
   a. Li dwe swiv li chak jou
   b. Li dwe gen zye 'l sou wout la sans distraksyon.

5. Ki otorite sèlman ke Satan rekonèt ?
   San Jezikri sou bwa Kalvè a.

6. Si nou vle rejwi ak Kris nan dènye jou a, ki sa nou dwe fè ? Fòk vi nou make ak san Jezikri

Leson 8
Sakrifis ak san an obligatwa

Vèsè pou prepare leson an : Jen. 1 :26 ; 3 :1-5 ;
Eza.53 : 5 ; Mat. 6 :13 ; Jan. 1 :14 ; 3 :16 ; Rom.11 :17-
25 ; 1Ko.10 :13 ; 2Ko.5 :21
Vèsè pou 'li nan klas la : Rom.11 :17-24
Vèsè pou resite : Men, se pou peche nou kifè yo te
mete san l' deyò konsa. Se akòz mechanste nou kifè yo
te kraze l' anba kou konsa. Chatiman ki te pou nou an
se sou li li tonbe. Se konsa li ban nou kè poze. Avèk
tout kou li te resevwa yo, li ban nou gerizon. Eza.53 :5
Fason pou fè leson an : Diskou, konparezon, kesyon
Bi leson an : Pou nou apresye sakrifis Kris la tankou
you prèv ke li renmen nou.

Pou komanse
Si ou vle fè yon grèf nan yon plant, li pap janmen posib
si ou pa taye an bizo kote pou w mete ti bouti a. Ou
dwe blese plant la. Konsa sakrifis ki dwe fèt pou sove
nou an mande fòk gen yon viktim ki blese. Ki moun
ki pral asepte sa ?

I. An nou wè ki jan sityasyon an te ye nan syèl la
Bondye te mete Lisifè deyò ak tout rebèl yo. Kant
li te deside pou 'l ranplase yo, Papa, pitit la ak
Sentespri te di : « An nou fè lòm dapre nou pou 'li
sanble ak nou tèt koupe. ». Nonm sa va gen Kò ,
Nanm ak Lespri. Jen. 1 : 26
Depi Satan konn koze saa, li vin jalou. Se rezon sa
ki fè l ap bat pou 'l tante lòm nan bezwen pou kò
a. Konsa li va atake nanm nan e anpeche lòm al
nan syèl. Jen.3 :1-5

Bò kote pa 'l, Bondye li menm li deside sove lòm.
Mat.6 : 13 ; 1Ko.10 :13

II. Ki fason li fè pou sove nou ?

1. Puiske lòm **peche nan kò l**, Bondye pral satisfè jistis li kant li **sakrifye yon kò pou san kap vèse.** Men pa genyen okenn Anj nan syèl la ki gen kò pou bay li san. Jan.3 :16

2. Se pou rezon saa Jezi **vinn pran yon kò** nan Mari **pou 'li kap ofri kò** sa kòm sakrifis pou sove nou.

   a. *Fwa nou nan sakrifis saa se li menm ki grèf la kote Jezi fè li yonn ak nou* Jan.1 :14 ; Rom.11 : 17
   Li te blese sou kwa Kalvè a pou san 'l te kap koule. Li te blese pou peche nou.».
   Eza. 53 :5

   b. Jezi fè l peche pou nou, men li pat komèt peche. 2Ko.5 :21

   c. Li te vinn pou 'l viv tankou nou, men se pou 'l te mouri pou nou. Jan.1 :14

   d. Pou nou menm payen, se yon gwo favè. Bondye blese Kris pou grefe nou tankou bouti nan richès gras li. Rom.11 :19

Pou fini

Zanmi, tanpri souple, pa neglije yon si gran Sali. Odènye jou pap gen okenn èskiz.

Kesyon

1. Pouki sa Bondye te deside kreye lòm ?
   a. Pou 'li kap gen pitit sanble ak li.
   b. Pou 'li genyen yo pou adore l e bay li glwa
   c. Pou okipe plas vid yo depi Li te chase Lisifè ak bann li yo

2. Ki sa Satan fè pou 'l gate pwojè saa?
   Li tante lòm pou fè l peche nan kò li pou retire glwa Bondye sou li.

3. Ki sa Bondye fè pou sove lòm ?
   a. Li grefe vi nou nan vi Jezikri.
   b. Zo kòt li pèse. Li te blese pou inikite nou.

4. Ki jan nou arive fè Jezikri konfyans ?
   Li viv pami nou. Li soufri pou nou e li mouri pou nou.

5. Pouki nou rele grèf fason li sove nou an ?
   a. Bondye fè plas pou nou menm payen nan richès gras li.
   b. Li mete jwif yo a kote pou yon ti moman jiskaske tout payen ki pou sove yo kap sove.

Leson 9
Mwen gen pou m bati Legliz mwen

Vèsè pou prepare leson an : Mat. 16 : 21-23 ; Jan.1 :29 ; Tra.20 : 28 ; Ga.2 :20 ; Ef.5 :23-29 ; Rev.5 : 5 ; 19 : 7-8 ; 21 : 3 ; 22 : 2

Vèsè pou 'li nan klas la : Ef.5 :22-30

Vèsè pou resite : Paske, yon mari se chèf madanm li menm jan Kris la se chèf legliz la. Se Kris la menm ki delivre legliz la ki kò li. Ef.5 :23

Fason pou fè leson an : Diskou, konparezon, kesyon

Bi leson an : Prezante Jezikri tankou yon fiyanse zero fòt.

Pou komanse
Jezikri fèk anonse disip yo koman li pral mouri e ki jan li pral leve nan lanmò. Lamenm Pyè, yonn nan disip yo, rele l a kote pou 'l blanmen l pou pawòl saa. Jezi kouri dèyè l, li di 'l : Wete kò w sou mwen Satan. Wap chèche fè m tonbe ! » Mat.16 : 21-23

Ki jan de pwogram Jezi te genyen ?
Li te di : « Mwen gen pou m bati Legliz mwen »

I. Legliz la se kò li. Ef.5 :23
1. San Golgotaa dwe pou li kouri nan venn tout kretyen. Se pa ou menm kap viv, men se Kris kap viv nan ou. Ga.2 :20
2. Legliz dwe pou 'l pwòp, san tach, san defo. Li pa dwe gen okenn enfimite nan pati èspirityèl li. Ef.5 :27

II. Legliz se madanm li.
1. Li bay san l pou li. Tra.20 :28

a. Li mouri tankou yon ti mouton pou sove nou. Jan.1 :29
b. Li viv tankou yon Lyon de Jida pou defann nou. Rev.5 :5
c. Li bay Legliz manje, li pran swen 'l. Ef.5: 29

2. Li pral bay yon bèl akèy nan syèl la :
a. Li pral abiye l ak rad fen len. Rev.19 : 8
b. Li pral prezante' l ak fyète devan Papa l nan jou nòs li a. Rev.19 :7
c. Li pral loje l nan mezon marye a. Rev.21 :3
d. Li pral bay li dwa pou 'li rive touche Pye bwa ki bay la vi a. Rev.22 : 2

Pou fini

Ki pi gran bonè pou legliz nan dènye jou ! Eske ou manb Legliz isiba ou manb kò Kris la ? Sa depan ki kote ou vle rete nan letènite. Reveye w !

Kesyon

1. Pouki Jezi te rele Pyè Satan ?
   Pou montre nou ke tout lide ki pa nan volonte
   Bondye, se nan Satan li soti

2. Ki sa Legliz ye? Se kò Kris, madanm Kris

3. Ki jan yon kretyen dwe viv ?
   Ak san Kris kap koule nan venn li

4. Ki jan Jezikri prepare Legliz li ? Pou 'li san tach, ni
   rid, pou 'li pa gen okenn enfimite èspirityèl.

5. Ki sa Jezi fè pou fiyanse 'l ?
   a. Li vèse san 'l pou 'li.
   b. Li mouri tankou yon ti mouton pou sove 'l
   c. Li viv tankou yon Lyon pou defann li
   d. Li nouri l e li pran swen' l

6. Ki sa l'ap pare pou epouz li ?
   a. Li pral bay yon bèl akèy nan syèl la :
   b. Li pral abiye l ak rad fen len.
   c. Li pral prezante l ak fyète devan Papa l nan jou
      nòs la.
   d. Li pral loje 'l nan mezon marye a.
   e. Li pral bay li dwa pou 'li rive touche Pye bwa
      ki bay la vi a.

30

Leson 10
Diferans ant Tanp ak Legliz

Vèsè pou prepare leson an : De.12 :11 ; Jan.17 :15-16 ; Tra.2 :46 ; 20 :28 ; 1Ko.6 : 19-20 ; Ef.5 :23

Vèsè pou 'li nan klas la : 1Ko.6 :15-20

Vèsè pou resite : Se konnen nou pa konnen kò nou se tanp Sentespri k'ap viv nan kè nou, Sentespri Bondye te ban nou an? Nou pa mèt tèt nou ankò? 1Ko.6 :19

Fason pou fè leson an : Diskou, konparezon, kesyon

Bi leson an : Montre diferans ant Tanp nou wè a ak Legliz èspirityèl la.

Pou komanse

Tanp ak Legliz se de (2) mo moun twonpe anpil sou sa yo vle di. Eske ou manm Legliz isiba ou eske ou manm kò Kris la? An nou wè diferans la :

I. Ki sa nou rele Tanp
1. Se yon kote moun fè sèvis Legliz. Tra.2 :46
2. Nan Ansyen Kontraa se te kay Bondye pou 'l rete pami pèp li a. De.12 :11
3. Ki limit li ?
   Se yon Legliz nan mitan pèp la. Li pa kapab fè w pi kretyen. Li pa kapab garanti bonè nan maryaj ou e li pa kapab mennen w nan syèl lè w mouri.

II. Ki sa nou rele Legliz
1. Yo konn rele 'l Tanp, men li pa tanp vre. Legliz se madanm Kris ke li te rive genyen gras a san' l te vèse pou li. Tra.20 :28

2. Legliz se yon asanble. Nan laten li rele asanble, nan grèk li rele « kote pou moun ale apar. Sa vle di li pa mele ak lemonn. Jan.17 :15-16
3. Se li menm ki gen la vi gras a san Jezi ki ladan. Ef.5 :23
4. Kò yon kretyen se Tanp Sentespri kote Kris fè rezidans li.1Ko.6 :19-20
    a. Kris ka fè sa 'l vle nan kò nou. 1Ko.6 :19
    b. Yon sèl chwa nou genyen se bay Bondye glwa nan kò nou e nan lèspri nou ki pwopyete Bondye. 1Ko.6 : 19-20

Pou fini

Puiske Kris pran enfimite nou yo e li pote sou li tout maladi nou yo, eske nou kwè ke yon kretyen ka enfim ou byen malad nan la vi èspirityèl li? An nou mande Bondye pou 'li delivre nou de tout andikap nan la vi èspirityèl nou. Konsa na bay li glwa nan kò nou ak nan lèspri nou.

Kesyon

1. Ki sa yon Tanp ye ? Se yon kote moun fè sèvis
   Legliz
2. Ki sa li te ye nan Ansyen Kontraa ?
   Mezon Bondye nan mitan pèp li a.
3. Ki limit li ?
   a. Li pa kapab fè w pi kretyen.
   b. Li pa kapab garanti bonè w nan maryaj ou
   c. Li pa kapab mennen w nan syèl lè w mouri.

4. Fè diferans pou nou ant Tanp ak Legliz
   a. Legliz nou bati yo, rele Tanp.
   b. Legliz èspirityèl la, se madanm Kris la
   c. Kò yon kretyen, se tanp Sentespri a.

5. Kote mo legliz la soti ? »
   a. Nan laten yo rele l Eklezia ou asanble
   b. Nan Grèk se Ekkalèo ki vle di :
      « Yo rele' l pou 'l rete apa »

Leson 11
Jezi ou Barabas

Vèsè pou prepare leson an : Eza.53 :2 ; Mat.8 :17, 26-27 ; 27 :23-24 ; Mk.15 :7 ; Lik. 4 : 18-19, 39-41 ; 19 :10 ; 23 : 13-25 ; Jan.1 :11 ; 2 :7-9 ; 14 :6 ; 18 :39-40
Vèsè pou 'li nan klas la : Mat.27 :15-24
Vèsè pou resite : Gouvènè a pran lapawòl, li di yo: Kilès nan de a nou vle m' lage ban nou? Yo reponn: Barabas. Mat.27 :21
Fason pou fè leson an : Diskou, konparezon, kesyon
Bi leson an : Montre ke byen souvan, sa nou chwazi , fè konnen ki jan de relasyon nou gen ak Bondye.

Pou komanse
Depi jou fèt Jerizalem rive, gouvèman gen labitid lage yon prizonye ke pèp la mande. Mat. 27 : 15-17
Men de kandida : Mèt a gason yo rele Barabas la ak Jezi ki soti nan peyi Nazarèt.

I. Ki moun Barabas te ye ?
Se te yon bandi : Mk.15 :7
1. Tout moun ki nan vol, ki nan move biznis te kanpe pou 'li.
2. Se ak vyolans, ak manti li fè vi 'l. Jan.18 :39-40
3. Li fè move zak yo nan fè nwa jouk yo rive mete men sou li.

II. Ki moun Jezi te ye ?
1. Men jan li prezante :
   a. Li pa te bo gason, li pa te blan. Li pat gen anyen nan kò 'l pou atire moun. Eza.53 : 2

34

    b. Li se verite, la vi, la pè, sekirite. Li se chemen ki mennen moun nan syèl. Jan.14 :6

2. Men ki sa li reyalize nan sosyete a:

    a. Li pote sou do 'l tout fòt nou yo, tout enfimite nou ak tout maladi nou yo. Mat. 8 : 17

    b. Li padonen tout peche nou yo. Lik.5 :20

    c. Li chase demon ak tout move zespri.

    d. Li geri menm maladi ki pat gen tretman. Lik.4 :39-41

    e. Li sove moun ki te pèdi. Lik.19 :10

    f. Li louvri zye moun ki avèg. Li bay fanm yo valè nan sosyete a.

    g. Li resisite mò. Lik.4 :18-19

3. Li bay manje a moun ki grangou Jan.6 : 12

4. Li kalme tanpèt. Mat.8 :26-27

5. Li fè dlo tounen diven. Jan.2 :7-9

Jwif yo te wè mirak sa yo ak de grenn zye yo e yo te tande mesaj li ki konn bay moun lèspwa. Poutan, yo pat vle asèpte 'l pou Sovè yo. Jan.1 : 11

Pou fini

Dim kounyeya ki lès nan de (2) moun sa yo wap vote pou 'li. Sa w chwazi a va di ki sa ki nan kè w. Bat pou w saj nan desizyon w.

Kesyon

1. Ki de kandida foul la te genyen : Jezi ak Barabas

2. Dapre w menm ki moun ki pral vote pou
   Barabas ?
   Bandi yo, kriminèl yo, mantè yo ak volè yo.

3. Dapre ou ki moun ki pral vote pou Jezikri ?
   a. Moun ki renmen verite.
   b. Moun kap chèche la vi ak sekirite.

4. Ki sa ki otorize moun sa yo a vote pou Jezikri ?
   Yo te gen prèv ke li se Bondye a kòz mirak li konn
   fè e mesaj ki bay moun yo lèspwa.

5. Pouki sa jwif yo pat vle l? Yo pat kwè nan li pou
   Sove yo.

Leson 12
Ki moun lanmò Jezi profite?

Vèsè pou prepare leson an : Mat. 27 :23=24 ;
Mk.6 :14-16 ; 16 :17-18 ; Lik.23 :12 ; Jan.12 :9-11 ;
Tra.2 :41 ; 4 :4 ; 5 :41 ; 6 :7-8 ;17 :11 ; 2Ko.8 :3 ;
1Tes.1 :9

Vèsè pou 'li nan klas la : Tra.2 :41-47

Vèsè pou resite : Nou te moute konplo pou fè m' mal.
Men Bondye fè sa tounen yon byen, pou 'l' te fè sak
rive jòdi a rive, pou 'l' te ka sove lavi tout kantite moun
sa yo Jen.50 : 20

Fason pou fè leson an : Diskou, konparezon, kesyon

Bi leson an : Montre koman Bondye chanje mal an
byen

Pou komanse
Depi Jezi te mete pye sou planèt la, li te rankontre
moun ki pat vle wè 'l. Yo bay pwoblèm kote l pase.
Alafen, yo touye l. Ki moun lanmò sa pwofite ?

I. Li pwofite otorite politik yo
Ni Pilat , ni Ewòd te vle gouvenen peyi Palèstin nan.
Jezi te barase yo. Konsa, menm si yo lènmi, yo mete
tèt yo ansanm pou debarase yo de Jezikri ki vinn twò
popilè. Lik.23 :12

II. Li pwofite a otorite relijye yo
1. Se te farizyen ak sadiseyen yo.
    Yo te jalou pou mirak Jezi tap fè; Konsa fòk
    li mouri. Jan.12 :9-11
2. Men yon lòt kote tou, gen prèt yo ki wè
    Levanjil la bon, yo konvèti pito. Tra.6 :7

III. **Li pwofite a jwif yo ki soti lwen, ki te vini nan fèt Pantkòt la**

5000 nan yo konvèti. Men lè yo tounen nan peyi kote yo te soti a, yo gaye Levanjil la toupatou. Tra.2 :41 ; 4 :4

IV. **Li te pwofite a apòt yo**
   1. Sentespri a fè bagay estraodinè ak yo. Mk.16 :17-18.
   2. Kè yo te kontan kant yo te gen okazyon soufri pou non Jezikri a. Tra.5 :41

V. **Li te pwofite a payen yo**
   1. Yo jete tout zidòl yo pou yo adore Bondye vivan an. 1Tes.1 :9
      Yo fè etid biblik chak jou. Tra.17 :11
   2. Yo kontribye pou misyon, pou 'levanjil kap preche toupatou. 2Ko.8 : 3

Pou fini

Men moun lanmò Jezi profite yon jan ou yon lòt jan. E ou menm, nan ki lanmò Jezi rann ou sèvis ?

38

Kesyon

1. Pouki Pilat ak Ewòd te vle touye Jezikri ?
   Paske li te pi popilè pase yo

2. Pouki chef relijye yo te fè konplo pou touye l. Yo te jalou pou mirak Jezi tap fè ke yo menm yo pat kap fè.

3. Alafen ki sa ki rive ?
   Yon kòlonn prèt konvèti nan Jezikri

4. Ki moun lanmò Kris te pwofite nan jou Pantkòt la? Plis ke 5000 moun ki te vinn nan fèt Jerizalem nan te konvèti.

5. Ki moun sa ki pat jwif, men ke lanmò saa pwofite ? Payen yo ki resevwa pawòl la ak jwa

6. Ki sak te pase apòt yo ?
   Yo resevwa pisans pou fè mirak e yo menm fè mèvèy onon de Jezikri.

Lis vèsè yo

Leson

1. Paske, sa se san mwen, san ki siyen kontra Bondye fè a, san ki koule pou anpil moun jwenn padon pou peche yo.Mat. 26 :28

2. Moun ki manje kò mwen, ki bwè san mwen, li gen lavi ki p'ap janm fini an. Mwen gen pou m' fè l' leve soti vivan nan lanmò nan dènye jou a. Jan.6 :54

3. Benediksyon pou moun k'ap travay pou 'lèzòm viv byen yonn ak lòt, paske Bondye va rele yo pitit li.. Mat .5 :9

4. Frè mwen renmen anpil yo, men yon bagay pou nou toujou chonje. Se pou tout moun prese louvri zòrèy yo pou yo ka tande. Men, pa kouri pale, pa prese fè kòlè. Jak.1 :19

4. Bay lè moun mande ou. Pa refize prete moun ki mande ou prete. Mat.5 : 42

5. Non, nou fèt pou nou bon nèt, menm jan Bondye Papa nou ki nan syèl la bon nèt. Mat.5 :48

7. Mache kote ki plat pou pye k'ap bwete a pa foule pi plis, okontrè pou 'l ka geri. He.12 :13

8. Men, se pou peche nou kifè yo te mete san l' deyò konsa. Se akòz mechanste nou kifè yo te kraze l' anba kou konsa. Chatiman ki te pou nou an se sou li li tonbe. Se konsa li ban nou kè poze. Avèk tout kou li te resevwa yo, li ban nou gerizon.Eza.53 :5

9. Paske, yon mari se chèf madanm li menm jan Kris la se chèf legliz la. Se Kris la menm ki delivre legliz la ki kò li. Ef.5 :23

10. Se konnen nou pa konnen kò nou se tanp Sentespri k'ap viv nan kè nou, Sentespri Bondye te ban nou an? Nou pa mèt tèt nou ankò? 1Ko.6 :19

11. Gouvènè a pran lapawòl, li di yo: Kilès nan de a nou vle m' lage ban nou? Yo reponn: Barabas. Mat.27 :21

12. Nou te moute konplo pou fè m' mal. Men Bondye fè sa tou-nen yon byen, pou 'l te fè sak rive jòdi a rive, pou 'l' te ka sove lavi tout kantite moun sa yo. Jen.50 :20

Evalyasyon

1. Nan douz leson yo w soti wè a, ki lès nan yo ki pi touche w ?

    a. Pou tèt pa w ?_____

    b. Pou fanmiy w? _____

    c. Pou 'legliz ou?_____

    d. Pou peyi w?_____

2. Ki desizyon w apre klas la?

    _____

3. Ki konsèy ou ta bay a Lekòl dimanch la :

    _____

4. Kesyon pèsonèl :

    a. Ki jan de kontribisyon mwen te kap pote nan Legliz la?_____

    b. Ki jefò mwen fè pou m amelyore kondisyon 'l

    _____

    c. Si Jezi vini kounyeya eske mwen pral fyè de travay mwen?

Dife Anjandre a

Dife 18 - Seri 2

Wè pa wè fòk ou fèt yon dezyèm fwa

Avangou

Eske gen moun ke Levanjil la pa ka konvenk ? Ou mèt
al mande Pòl, Kònèy ak Nikodèm. Yo va di w koman
Jezikri te revele l a yo menm nan yon fason ke yo te
blije konvèti.

Kounye a, Bondye ap fè tout moun konnen yo bezwen
chanje epi tounen vin jwenn li. Li gentan deside ki jou
li ap jije tout moun nan monn lan selon lajistis. Pou 'l
fè jijman sa a, l' ap sèvi ak yon moun li te chwazi depi
lontan. Bondye gentan bay prèv se nonm saa k ap fè
jijman an. Sepoutèt sa li kite 'l mouri e li resisite. » pou
sove nou. Tra.17 :30-31

Pa sezi si m di w « Wè pa wè fòk ou fèt yon dezyèm
fwa. » Jan.3 : 7

Ke w te kwè, ke ou pa kwè, mwen soupriye w pou li
Seri saa ak Bib ou nan men w. Map priye pou Sentespri
a gide w. Wa di ki sa w deside ou panse apre sa.

Pastè Renaut Pierre-Louis

44

Leson 1
Konvèti a se yon desizyon obligatwa

Vèsè pou prepare leson an : Sòm.103 :14 ; Lik.9 :51 ;
Jan.1 :29, 35 ; 3 :16 ; Ef.1 :1-4 ; 1Pyè.1 :20 ; Rev.13 :8
Vèsè pou 'li nan klas la : Jan.3 :1-10
Vèsè pou resite : Nan denmen, Jan wè Jezi ki t'ap vin
jwenn li, li di: Men ti mouton Bondye a k'ap wete peche
moun sou tout latè. Jan.1 :29
Fason pou fè leson an : Diskou, konparezon, kesyon
Bi leson an : Montre ke konvèsyon an se yon desizyon
ke Bondye mande pou tout moun fè.

Pou komanse
Kant Bondye te deside pou sove lòm, li pat fè reyinyon
ak pèson pou sa. Se syèl la ki deside l.

I. Se yon lòd Bondye pase
1. Depi avan monn nan te kreye, Bondye te
   konnen lòm pral chite e li te wè konsekans yo.
   Li te tou konnen nou pap kapab reziste paske se
   pousyè tè nou ye. Sòm.103 :14
2. Konsa li pa sezi lè li wè nou chite. Se pou rezon
   sa ke li menm li prevwa yon plan pou sove nou
   avan menm ke li kreye nou. Jan.3 :16
3. Li prevwa ki jan pou 'l mete tout bagay nan plas
   yo.
   a. Jezi se ti mouton an ke Papa a te prewa depi
      avan fondasyon monn sa pou sove limanite.
      1Pyè.1 :20
   b. Bondye te deja fè nou sen nan Kris depi avan
      monn sa te egziste. Ef.1 :4

II. Jan vini ankò pou di nou ke Jezi se Mesi a

1. Men sa li di lè l'ap prezante Jezi à disip li yo: « Men ti mouton Bondye a ki wete nou anba peche ». Jan.1 :29

2. Jezi konnen davans ke yo pral arete 'l. Kan lè a te rive pou 'l al mouri sou kwaa, li mete tèt li tou dwat pou Jerisalèm, paske li gen yon rande vou ak Lanmò pou tèt nou. Lik. 9 : 51

3. Kan Jesi te sou kwaa, Papa pa vle tande 'l paske li pa te kapab chanje yon desizyon ki te déjà pran depi billion ane, avan monn nan te egziste. Rev.13 :8

Pou fini

Bondye deside pou 'l sove w, ki sa wap tann pou w di Senyè : « Me mwen » ?

46

Kesyon

1. Ki lè Bondye te deside pou 'l sove le monn ? Avan Menm lè li te kreye monn nan.

2. Pouki chit lòm pa etone l ?
   a. Li konn tout bagay.
   b. Li konnen ak ki nou fèt. Li sonje ke se pousyè tè nou ye.

3. Pouki sa fòk te gen yon kò pou sibi chatiman an? Paske se nan yon kò lòm te peche .

4. Ki jan Janbatis te prezante Jezi a disip li yo ? Tankou ti mouton Bondye a ki vini pou efase peche lemonn.

5. Pouki sa Papa te bandonnen Jezi sou kwaa ? Paske li pat kapab chanje yon desizyon li te pran depi avan monn nan te egziste.

6. Vre ou fo
   a. Te gen yon reyinyon komite ki te fèt nan syèl la pou vote pou Sali nou . V___ F
   b. Bondye te gen yon twoupo mouton nan syèl la. Jezi se pil bèl mouton an ___V ___F
   c. Jezi pat pè mouri pou peche nou ___V ___ F
   d. Pou ale nan syèl fòk ou sen ___ V ___F

Leson 2
Tout bagay déjà peye pou Sali nou

Vèsè pou prepare leson an : Eza.55 : 1-5 ; Mk.8 :36-37 ; Jan.3 :16-17 ; 19 :30 ; Rom.7 :12-14 ; 1Ko.15 :55-57 ; Ef.2 : 8-10 ; Ti.3 :5 ; 1Pyè. 1 : 18-19

Vèsè pou 'li nan klas la : Eza.55 :1-8

Vèsè pou resite : Se pou mechan yo kite move chemen y'ap swiv la. Se pou malveyan yo wete move lide k'ap travay nan tèt yo. Se pou yo tounen vin jwenn Seyè a ki va gen pitye pou yo. Se pou yo tounen vin jwenn Bondye nou an, paske l'ap padonnen tou sa yo fè. Eza.55 : 7

Fason pou fè leson an : Diskou, konparezon, kesyon

Bi leson an : Montre koman Bondye dispoze padon an pou 'lemonn antye.

Pou komanse

Nan maryaj ki te fèt nan bouk Kana, nan peyi Galile a, Jezi te fè dlo tounen diven nan moman ke tout bweson moun marye yo te fini nèt ale. Moun marye sa yo se te senbòl Adan ki gen limit nan sa' l genyen. Jezi ki dènye Adan an, li pa gen limit. Li bay la vi an abondans.

I. **Li bay Sali a gratis.**
   1. Li fè yon envitasyon alawonnbadè nan bouch pwofèt Ezayi :
      Tout moun ki swaf, vinn bwè dlo. Ou te mèt vini menm si ou pa gen kòb. San monnen ni grinnbak Jezi ap bay ou dlo. Eza.55 :1

48

II. Se yon kado Bondye. Jan.3 :16-17

Pouki sa ? Paske anyen sou tè saa pa kapab sove yon nanm.

1. An nou kalkile konbyen yon nanm koute : Li koute san Jezikri, sa vle di pi plis ke tout sa latè te kap posede. 1Pyè.1 :18-19

   a. Ou mèt te mete lajan tout moun rich yo ansannm, yo pap kapab peye mwatye yon tikè pou mennen yon sèl nanm nan syèl la. Mk.8 :36-37

   b. Bon zèv ou pa konte. Fòk yo fèt sèlman apre Jezi finn sove w. Ef.2 :10

2. Menm si w obsève la Lwa, sa pap fè anyen pou nanm ou. Rom.7 :12-14

   a. Lè Jezi finn peye pri Sali a, li rele : « Tout bagay akonpli. » Jan.19 :30

   b. Bondye sove nou, paske li fè nou gras. Se pa paske nou te fè anyen pou sa. Li te lave peche nou yo pou fè n vin pwòp. Tit .3 :5

3. Jis moman m ap pale ak ou a, pa genyen okenn fondatè relijyon ki resisite. Se Jezi sèl ki chanpyon sou Le Dyab, le monn ak la chè. 1Ko.15 :55-57

Pou fini

Jezi envite w pou w selebre delivrans la. Li di w vini. Tab ou déjà pare. Mat. 22 : 4

Kesyon

1. Ak ki moun marye yo nan Nòs Kana a te sanble ?
   Ak Adan e Ev.

2. Ki diferans ki genyen ant Adan e Jezikri ?
   Rèsous Adan gen limit. Resous Jezikri pa gen limit

3. Konbyen Jezi fè nou peye pou sove nou ? Anyen

4. Pouki sa ?
   a. Paske se yon kado Bondye
   b. Paske pa gen moun ki gen mwayen pou peye pou 'li.

5. Koman nou fè konnen ke tout dèt la peye ?
   Paske Jezi te di : « Tout bagay akonpli. »

6. Vre ou fo
   a. Sendika fondatè relijyon yo fè yon petisyon pou 'lage tout moun kap boule nan lanfè __ V__ F
   b. Milyadè yo déjà peye davans pou Sali tout fanmy yo. __V __ F
   c. Jiska prezan tou fondatè relijyon yo nan tonb, yo poko resisite. __ V __ F
   d. Jezikri fè tout depans la pou sove nou. __V __F

Leson 3
Fèt yon dezyèm fwaa se yon obligasyon

Vèsè pou prepare leson an : Jan.2 :1-11 ; 3 :2-7 ; 7 :15 ; Rom.3 :20 ; Ef.2 :8-10
Vèsè pou 'li nan klas la : Jan.3 :1-7
Vèsè pou resite : Pa sezi si mwen di ou: se pou nou fèt yon dezyèm fwa. Jan.3 :7
Fason pou fè leson an : Diskou, konparezon, kesyon
Bi leson an : Montre ke fòk nou abandonen tout teori pou n asepte Kris pou Sovè nou.

Pou komanse
Si bon tanperaman ak bon bouch te kap sove moun, Nikodèm ta premye moun ki tap rive nan syèl. An nou swiv konvèsasyon l ak Jezi :

I. Li komanse fè Jezi konpliman
  1. Mèt, nou konnen ke w menm se yon doktè ki pran diplòm ou nan Bondye. Ki jan li fè konn sa ?
      a. Li tande nan bouch moun ke Jezi te fè dlo tounen diven. Nouvèl sa gaye nan tout peyi Palestin. Jan.2 :11
      b. Nikodèm te okouran mirak Jezi te fè nan jou Fèt Pak la, nan vil Jerizalèm. Konsa li gen **yon lide de Jezi konsa konsa. Jan.3 :2**
      c. Li te kap menm fè lwanj Jezi pou fidelite 'l nan obsève Lwa, nan jan li ede moun pòv Rom.3 :20 ; Ef.2 :10
      d. Li te kap menm mennen ankèk sou ki lekòl Jezi te ale. Li te kap wè Jezi pat gradye nan Hillel ni nan Shammai ki te pi gwo fakilte teoloji nan tan saa. Poutan li te ranpli ak sajès. Jan.7 :15

e. Se vre ke majisyen yo te kap fè dlo tounen diven, men pèson moun pat kapab bwè 'l. Okontrè, Jezi fè dlo tounen diven e li pa tann karant-de(42) jou pou 'l bon dapre regleman diven. Tout sa se tankou li te **konnen Jezi konsa konsa.**

II. Pou rezon sa yo li chèche wè Jezi je pou je.

Jezi pat rete sou konpliman Nikodèm. Li pito di 'l konsa: « Wè pa wè fòk ou konvèti. » Jan.3 :7

Pou fini

Si Pawòl Bondye a touche kè w, pa rete nan fè vye koze. Vin jwen Jezi kounyeya paske « Wè pa wè fòk ou fèt yon dezyèm fwa. »

Kesyon

1. Ki jan nou kap di ke Nikodèm te yon nonm byen elve? Li abòde Jezi ak yon bèl konpliman

2. Ki lide li te gen nan tèt li pou 'l anvi wè Jezi ?
   Li t al kalkile mirak yo Jezi te fè

3. Ki fason li konnen Jezi ?
   Li konnen l alalejè

4. Ki lè li konn Jezi tout bon vre ?
   Lè li te fè kontak pèsonèl ak li nan lannwit la.

5. Konbyen tan sa pran pou w gen yon bon diven. ?
   Karant de jou. (42)

6. Konbyen tan sa pran Jezi pou bay moun yo pi bon diven an ? Kèk segonn

53

Leson 4
Soti nan lachè tonbe nan lèspri

Vèsè pou prepare leson an : Jan.3 : 1-7 ; 1Ko.2 : 9-16 ; Ef.4 :18

Vèsè pou 'li nan klas la : 1Ko.2 :9-16

Vèsè pou resite : Lè m' wè yo pa t'ap mache dwat dapre verite ki nan bon nouvèl la, mwen di Pyè devan tout moun: Ou menm ki jwif, ou pa t' viv isit la tankou jwif, men tankou moun ki pa jwif. Poukisa jòdi a w'ap fòse frè ki pa jwif yo pou yo viv tankou jwif?. 1Ko.2 :14

Fason pou fè leson an : Diskou, konparezon, kesyon

Bi leson an : Konpare nesans ak nouvèl nesans

Pou komanse
Pou Nikodèm, zafèt fèt yon dezyèm fwaa se te bagay li pat janm konnen. Lè li te chita devan Jezi, li te sanble ak yon ti moun ki nan Jaden danfan.

Jezi di 'l : « Si yon moun pa konvèti li pap kapab wè wayòm Bondye a». Jan.3 : 3

Koute vye repons Nikodèm:

I. **Ki jan pou yon moun ta fèt yon dezyèm fwa kant li finn gran moun, ?** Eske li pral tounen nan vant manman l pou 'l fèt ankò ? Jan.3 : 4   Ki vye koze sa !

   1. Li pat konnen ke ti jèrm nan chita nan manman vant fanm nan.

      Ti jèrm sa devlope piti piti ak tout sans li.

      (zye, zorey, nen, bouch, sansiblite) Sèlman, ti bebe a poko ka itilize yo tankou nou menm. Pandan li nan vant, se nan kòd lonbrit manman an li nouri. Konsa, li fè yon sèl ak manman an.

2. Se la li rete pou 'l viv pou nèf mwa.
   a. Lè li fè, se lè saa li kap sèvi ak tout sans li yo.
   b. Yon moun ki pa konvèti sanble ak yon ti bebe ki nan vant toujou. Li vlope ak vye abitid, vye tradisyon ak relijyon'l. Li pa kapab konprann bagay èspirityèl. Li pap kapab konprann anyen nan Levanjil. 1Ko.2 :14
   c. Apòt Pòl di : **Lespri yo bouche**, bagay Bondye pa enterese yo akòz inyorans la ki nan yo. Ef.4 : 18
   d. Puiske li poko konvèti, li pap kapab wè wayòm Bondye.
      Paske se jwif li ye, Nikodèm te gen pwoblèm pou 'l dijere pawòl sa yo.

Pou fini

Si w rete sou sa w panse, wap pèdi. Jezi se sèl sovè. Bat pou w konvèti.

Kesyon

1. Montre ke devan Jezi Nikodèm te pase pou moun sòt?
   Li mande Jezi si yon ti moun ka retounen nan vant manman l pou 'l fèt yon dezyèm fwa.

2. Ki kote ti bebe a chita nan vant manman an ?
   Nan manman vant la yo rele plasenta

3. Ki jan de eleman nesesè ti moun nan genyen lè konsa? Li gen tout senk sans li

4. Ki jan senk sans li yo mache ?
   a. Nan yon fason ki kache.
   b. Se nan kòd lonbrit la ti moun nan resevwa nouriti l.
   c. Se lè l soti nan vant manman an, li kap jwi tout fakilte yo.

5. Ki jan nou wè 'l nan la vi èspirityèl ?
   a. Nou konpare 'l ak yon nonm ki pa konvèti ki vlope nan kilti li, nan tradisyon ak relijyon' l.
   b. Li pap kapab konprann bagay èspirityèl.
   c. Lèspri l bouche.
   d. Bagay Bondye pa enterese 'l

6. Ki lè la gen chans wè wayòm Bondye a ?
   Kant li konveti.

56

Leson 5
Mache Legliz pa vle di sove pou sa

Vèsè pou prepare leson an : Eza.9 :7 ;35 :10 ; 51 :11;
Jan. 3 :16 ; 10 :28 ; 14 :1-6 ; 5 :39-40 ; 8 :23 ; 11 :25-26 ;
Tra.4 :12
Vèsè pou 'li nan klas la : Jan.5 :36-40
Vèsè pou resite : N'ap plede etidye sa ki ekri nan Liv
la, paske nou mete nan tèt nou nou ka jwenn lavi ki pa
janm fini an ladan li. Men, se Liv sa a menm ki pale sou
mwen. Jan.5 :39
Fason pou fè leson an : Diskou, konparezon, kesyon
Bi leson an : Montre ke zafè Sali nanm nou an se yon
transaksyon ki fèt depi nan syèl la.

Pou komanse
Chemen ou kwè ki bon an, se li ki mennen w tou dwat
nan lanmò. Ki sa m ka fè pou ou Nikodèm, pou w pa
tonbe nan pwoblèm saa ? Chita yon ti moman pou w
koute.

I. Relijyon w nan se pou sosyete
1. Li bon pou w viv sou tè, men li pa kapab mennen
   w jwen Bondye. Jezi sèl ki kap mennen w nan syèl
   la. Jan.14 :6.
2. Adorasyon wap bay la, se anba li soti, men Sali a
   se anwo li soti. Jan.8 :23
3. Ou pran gwo konesans nan liv yo pou w gen yon
   bon diplòm. Se gid yo ye pou chèche anpil
   konesans pou gen la vi miyò isiba. Se la sèlman yo
   kap rive. N'ap plede etidye sa ki ekri nan Bib la,
   paske nou mete nan tèt nou, nou ka jwenn lavi ki
   pa janm fini an ladan li. Men, se Liv sa a menm ki

pale sou mwen. Malgre sa, nou pa vle vin jwenn mwen pou nou ka gen lavi tout bon an ! Jan.5 :39

II. Tout fondatè relijyon yo mouri.

1. Yo anba tè tankou fidèl yo.
2. Men Jezi di : Se mwen menm ki leve moun mouri yo, se mwen menm ki bay lavi. Moun ki mete konfyans yo nan mwen, yo gen pou yo viv menm si yo rive mouri. Moun k'ap viv, epi ki mete konfyans yo nan mwen, yo p'ap janm mouri. Eske ou kwè sa? Jan.11 :25-26
3. Mwen bay ou la vi ki pap janm fini an, e men degi mwen mete sou li. Jan.3 :16
   a. Lapè pou tou tan. Eza. 9 :7 ;
   b. Lajwa pou tou tan ; Eza. 35 :10 ; 51 :11 ;
   c. Sekirite pou tou tan. Jan.10 :28.
   d. Pa gen okenn fondatè relijyon ki kap pwomèt la vi pou tou tan. Tra.4 :12
4. Pa sezi si m di w: «Wè pa wè, fòk ou konvèti. »

Pou fini

Ou menm kap panse tankou Nikodèm, mwen kwe ou déjà reflechi kont ou. Tanpri fè bon desizyon an. Ou pap janm regrèt.

Kesyon

1. Ki kote relijyon an kap rive?
    Se la tè ki bout li.

2. Pouki liv sou latè yo bon ?
    Pou nou chèche konesans pou nou gen la vi miyò
    sou tè a.

3. Ki liv ki ale pi lwen ke tè a ?
    Bib la, Pawòl Bondye a.

4. Ki sa ki bon nan Bib la ?
    a. Li pale de Jezikri
    b. Li montre nou chemen pou n ale nan syèl.

5. Moun yo ki te fonde relijyon yo, kote yo ye
    kounyeya ? Ni yo, ni fidèl yo, anba tè.

6. Ki degi Bondye bay nou ak Vi pou tou tan an ?
    Lape, lajwa, sekirite pou tou tan gen tan.

Leson 6
Wòl Bondye nan lè nou fèt ak nan lè nou konvèti

Vèsè pou prepare leson an : Jan.14 :6 ; Tra.11 :18 ;
Rom.10 : 9-17 ; 1Ko.15 :45 ; Ef.2 :1-2
Vèsè pou 'li nan klas la : Rom.10 :14-17
Vèsè pou resite : Konsa, se lè ou tande mesaj la ou vin
gen konfyans. Mesaj la, se pawòl Kris la y'ap anonse..
Ròm.1 0 :17
Fason pou fè leson an : Diskou, konparezon, kesyon
Bi leson an : Montre sa Bondye fè lè yon moun fèt ak
lè yon moun fèt yon dezyèm fwa.

Pou komanse
Men yon bagay ki pa janm chanje : Pou yon ti moun
fèt, fòk se nan kwazman yon nonm ak yon fanm ak
patisipasyon papa Bondye.

I. Ki wòl nonm nan
1. Li gen dwa pou 'l chwazi madanm nan e okipe
   pitit la depi nan vant jouk li fèt e li vinn gran.

II. Wòl Bondye :
1. Li chwazi w nan mitan 50,000 jèrm ki ale nan vant
   fanm nan.
2. Li chwazi sèks ou, koulè w, fanmiy ou, kantite
   entelijans ou, jan pou w devlope. Li
   pwogramen sa wap ye nan la vi ak kote ou pral
   rive.
3. Jezi fè rezèvasyon pou w al nan syèl. Jan.14 :6

III. Men yon avoka ki sòt.

1. Li pa konnen anyen sou ki jan ti moun fèt

a. Nikodèm pa konnen si yon ti moun ki fèt pa kap tounen ankò nan vant manman l.

b. Pouki sa ? Se paske ti moun nan fèt ak zo kroumkroum, men yo tounen zo ki di anpil pou ti moun nan ka grandi kòm sa dwa. Jan.3 : 4

c. Se Bondye tou ki fè fanm nan gen tranche pou 'l pouse pitit la.

d. Lè ti moun nan fèt, li gen yon kò tankou tout moun. Li pouse yon rèl pou anonse li vini. Sa se yon bagay natirèl.

IV. Li pa konnen anyen sou ki jan moun konvèti

Kant yon moun tande Pawòl Bondye, la menm, lafwa antre nan li. Se sa ki provoke konvèsyon an. Rom.10 :17

a. Repantans la fèt tou swit : Tra.11 :18

b. Li kite vye tradisyon, li pa pè ankò, li bliye zafè relijyon ak tout sa yo ki te bouche zye l yo. Ef.2 :1-2

c. Men ki jan li vin yon nanm vivan nan Jezikri. 1Ko.15 :45

d. *Li pouse yon rèl : sa vle di l'ap rann temwayaj pou di sa Bondye fè nan vi l.* Rom.10 :9

Pou fini

Pa sezi si m di w : « Wè pa wè fòk ou konvèti »

Kesyon

1. Ki moun ki patisipe nan fèt yon ti moun ?
   Yon nonm, yon fanm ak Bondye

2. Ki wòl misye a nan fèt ti moun nan ?
   a. Li kwaze ak madanm nan.
   b. Li chwazi ki jan pou yo viv.
   c. Li pran swen ti moun nan.

3. Ki wòl Bondye nan ti moun nan ?
   a. Li deside ki lès nan jèrm yo ki pral vin ou menm.
   b. Li chwazi sèks, koulè, ras, fanmy, entelijans ak destine ti moun nan
   c. Se li ki fè l grandi jouk li mouri

4. Bay diferans ant nesans ak nouvèl nesans
   a. Bondye provoke tranche a nan fanm nan pou pitit la soti.
      Menm jan tou, li provoke repantans la nan pechè a gras a Pawòl la pou 'l kap konvèti.
   b. Ti moun nan kase lezo pou 'l soti.
      Menm jan tou, pechè a kite vye tradisyon, laperèz ak relijyon pou 'l kapab konvèti.
   c. Fanm sa y la koupe kòd lonbrit la, lè ti moun nan fèt.
      Menm jan tou, Sentespri detache vi kwayan de vi li tap mennen lontan an pou li kap devlope nan yon nouvèl vi.

Lesons 7
Nikodèm dakò ke devan Jezi, li pa konnen anyen

Vèsè pou prepare leson an : Sòm.91:1; Lik.17:23; 23:43; Jan.3 :1-10; 15:3; 1:8; Tra.2:38; Rom.10:17; 2Ko.5:17; Ef.5:25-26; 1Jan.5:19

Vèsè pou 'li nan klas la : Jan.3: 1-10

Vèsè pou resite : Jezi reponn li: Ou se yon gwo mèt k'ap montre pèp Izrayèl la anpil bagay, epi ou pa konn bagay sa yo? Jan.3 :10

Fason pou fè leson an : Diskou, konparezon, kesyon

Bi leson an : Montre ke tout moun save yo dwe mete chapo ba devan Jezikri

Pou komanse
Eske nou sonje Nikodèm , yon diplomen swa nan fakilte Hillel ou Shammay, li vin gwo lan nwit, pou 'l vizite Jezi ki diplomen nan syèl. Jan.3 :2

I. Ki sa yo pral diskite sou zafè Bondye ?
Menm si tout moun konnen li yon Save, Nikodèm dakò ke devan Jezi li pa konnen anyen sou fason moun fèt, ni sou kote van soti ou kote li prale. Jan. 3 : 4, 8-9
1. Jezi fè l konnen ke si 'l bezwen wè wayòm Bondye a, fòk li konvèti Jan.3 :3.
2. Li pap jwen sa lòt kote. Lik.17 :23
3. Depi li finn tande sa, li pa pale ankò. Li kite Jezi sèl pou 'l pale. Jan.3 :10

II. Ki sa sa vle di pou yon moun fèt nan dlo ak nan Sentespri». Jan.3 : 5
1. Sa pa vle di batèm. Men ki jan sa devlope :

a. Kant yon moun tande Pawòl Bondye a, kè 'l vin pwòp. Jan.15 :3 ; Ef. 5 : 25-26

b. Sentespri Bondye konvenk li pou 'l konnen li se yon pechè. Jan. 16 :8 ; Rom.10 :17

c. Konvèsyon ak repantans la ap vini san pwoblèm. Tra.2 :38.

d. Batèm se yon desizyon ou pran pou konfimen fwa w. Mat.28 :19

e. Menm moman ou pran nesans èspirityèl saa, se Sentespri a kap kondi w. Vi w devni yon mistè. Jan.3 : 8
Li pa sou pisans Dyab la ankò men li sou pisans Bondye. Sòm. 91 :11 ; Jan.5 :19

f. Sonje ke Jezi asèpte bon lawon an nan paradi san li pat janm gen chans batize. Lik.23 :43

2. Sonje ke chini an vlope kòl pandan venn de (22) jou nan yon fèy avan li tounen papiyon. Menm jan tou, pechè a fèmen l nan repantans avan pou 'l tounen yon lòt kreyati. 2Ko.5 :17

Pou fini

Konsa, pa sezi si m diw : « Wè pa wè fòk ou fèt yon dezyèm fwa»

Kesyon

1. Ki jan Nikodèm rele Jezikri ? Yon doktè ki soti nan Bondye

2. Ki jan Jezi te reponn a konpliman saa ?
   Li mete misye nan obligasyon pou 'li konvèti.

3. Ki te reaksyon Nikodèm ?
   Li fèmen bouch li, li kite Jezi sèl pou 'l pale

4. Ki sa sa vle di pou w fèt ak dlo ak lespri ?
   a. Bondye mete lafwa nan ou, lè ou tande pawòl li
   b. Ou repanti gras a travay Sentespri a nan kè w.

5. Montre ke batèm nan pa obligatwa pou w antre nan syèl Bondye a
   Lawon ki te sou kwaa te ale nan syèl san 'l pat batize.

Leson 8
Nikodèm resi wè klè nèt ale

Vèsè pou prepare leson an : Lik 16 :25 ; Jan.1 : 17-18 ; 3 :13-16 ; 8 :12 ; 14 :6 ; Ef.2 :8
Vèsè pou 'li nan klas la : Jan.1 :14-18
Vèsè pou resite : Pesonn pa janm wè Bondye. Men, sèl Pitit Bondye a, li menm ki Bondye tou, li menm k'ap viv kòtakòt ak Papa a, se li menm ki fè moun konnen Bondye. Jan.1 :18
Fason pou fè leson an : Diskou, konparezon, kesyon
Bi leson an : Konvenk yon chèf jwif ke Jezikri se Mesi a yo tap tann nan

Pou komanse
Allo Nikodèm! Lè wap vini ankò kote Jezi, sonje mache ak yon kaye pou pran nòt.

I. Malgre Nikodèm pat gen tan, an nou wè bagay misye te gen pou 'l aprann :
1. Anwetan Jezi, poko gen pèsonn ki monte nan syèl. Jan.3 :13
   a. Konsa, men yon kòlonn moun nou konnen ki poko rive nan syèl la : Nou gen Enòk, Eli, Mari, Abraram, Laza . Tout moun sa yo nan yon sal datant. Men, kote yo ye a, yo byen gras a Dye. Jan.3 :13 : Lik. 16 :25
   b. Yap tann rezireksyon an . 1Tes.4 :15
2. Jezi se Bondye, konsa se li ki kap pale nou de Bondye ak tout zèv li yo. Pouki sa ? Se paske pa gen okenn moun ki wè Bondye. Se Jezi sèl ki revele nou Bondye. Konsa, se Jezi ki Temwen Jeova tout bon vre. Jan.1 :18

3. Jezi pi gran pase Moyiz. Moyiz anonse l e li sanble ak li. Misyon Moyiz se te pou 'l fè pèp la antre nan peyi Kanaran. Men Jezi li menm, li ap fè nou antre nan Kanaran Selès la. Jan.14 :6

4. Jezi vini pou 'l sove tout moun, ni jwif, ni payen. Jan.3 :16

5. Lalwa la pou jije moun e kondanen moun. Jezi vini ak gras la pou padonen tout moun. Jan.1 :17 ; Ef.2 :8

6. Se sèl move liv moun sere paske yo soti nan Satan. Moun pa bezwen chèche Jezi ankachèt ni pran yon lanp pou w chèche 'l. Se li menm ki limyè lemonn. Jan.8 :12

Pou fini

Fòk Nikodèm toudi lè li finn tande revelasyon sa yo. Depi lè sa, li deside pou 'l rejte Lwa a pou 'l asèpte konvèti nan gras la. E ou menm, ki sa wap deside ?

Kesyon

1. Kisa Nikodèm aprann sou moun ki déjà mouri
   a. Anwetan Jezi, poko gen pèsonn ki monte nan syèl.
   b. Tout nan saldatant la ap tann rezireksyon

2. Di kat nan yo kap tann rezireksyon an ke w konnen ? Abraram, Eli, Mari ak Laza

3. Ki moun ki temwen Jéova tout bon vre? Jezikri.

4. Pouki sa ? Se li sèl ki soti dirèkteman nan Bondye ; li sèl ki kap pale de zèv li.

5. Konpare Jezi ak Moyiz
   a. Moyiz se yon senbòl Jezikri.
      Jezi se Mesi a ki pou delivre pìtit Bondye yo.
   b. Moyiz te la pou mennen pèp Bondye a nan
      Kanaran isiba.
      Jezi ap mennen tout moun sove yo nan
      Kanaran syèl la.
   c. Moyiz te vini ak Lwa ki kondanen moun. Jezi
      vini ak gras la pou sove tout moun

6. Ki sa Nikodèm ta kap panse?
   a. Se sèl liv majik moun sere.
   b. Moun pa bezwen gen Jezi ankachèt ; Jezi
      menm se limyè lemonn li ye.

68

Leson 9
Lòt leson Nikodèm vinn aprann

Vèsè pou prepare leson an : Mat.13 :55 ; Mk.16 :17-18 ; Jan.1 : 14-17 ; 3 :3-7 ; Lik. 19 : 10 ; 5 :39-40 ; Rom.8 :1 ; 2Ti.3 :14-17
Vèsè pou 'li nan klas la : Jan.1 : 6-17
Vèsè pou resite : Bondye fè Moyiz ban nou lalwa. Men, se Jezikri ki fè nou konnen renmen Bondye a ansanm ak verite a. Jan.1 :17
Fason pou fè leson an : Diskou, konparezon, kesyon
Bi leson an : Konvenk Nikodèm sou ki kote dispansasyon gras la rive

Pou komanse
Tèt Nikodèm vinn lou tankou pwa senkant, men kè li soulaje lè li soti kay Jezi. Ki sa li pral temwaye ?

I. Li va fè konnen ke Pawòl la tounen yon moun.
  1. Bib la se li menm ki sèl otorite pou fwa nou ak kondit nou. 2Ti. 3 :16
     Liv nan biblyotèk yo ka fè nou vin save, yo ka menm fè nou vin rich. Sèlman se sèl Bib la ki ka dikte nou chemen pou nou ale nan syèl. Jan.5 :39

  2. Jezi vini ak gras la ak padon ki obligatwa pou nou sove. Jan.1 :17

  3. Se pa mirak ki fè Jezi yon doktè ki soti nan Bondye. Li te deja Bondye ki abiye l ak yon kò tankou pa nou an pou 'l vin sove nou. Jan.1 :14

  4. Gwo konesans doktè saa tonbe a zero devan yon ti bòs chapantye. Mat.13 :55

Ni Satan , ni Jezi pa konnen zafè diplòm, ni grad, ni degre. Sa ki enpòtan an, se pou w rekonèt Jezi pou sovè w. Depi lè saa, ou kap fè mirak, chase demon, bloke pwazon, e ou kap geri malad. Mk.16 :17-18

5. Malgre li te yon gran chèf jwif, Nikodèm pat kap sove ni tèt pa 'l ni lòt moun. Li aprann ke nan zafè nanm pa gen ni gouvèman, ni prezidan, ni wa, ni lidè relijye ki kap rezoud pwoblèm entim pèsonn.
Jan.3 :3,7

6. Jezi te vini chèche e sove tout moun ki te pèdi. Lik.19 :10

7. Pa gen kondanasyon pou moun ki kwè nan Jezikri. Rom.8 :1

Pou fini
Si ou ta gen chans rankontre Nikodèm avan m, di 'l mennen w bay Jezi. Mwen bay ou garanti ke l'ap di w : Pa sezi si Jezi ta di w : « Wè pa wè fòk ou fèt yon dezyèm fwa. »

Kesyon

1. Ki sa Nikodèm ta kap di a Jwif nan tan pa 'l la ?
   Jezi se pawòl la ki vin fè l moun.

2. Koman eksplike sa ?
   a. Pawòl la se Bondye.
   b. Se li ki sèl otorite nan zafè fwa nou ak kondit nou.

3. Ki sa ki nèf nan mesaj Jezikri ?
   a. Gras ak padon pou tout pechè ki repanti.
   b. Jezi se Bondye ak mirak ou san mirak.
   c. Depi ou kwè nan Jezi ou kap fè mirak.
   d. Tit Raben an pa kap sove pèsonn.

4. Ki te misyon Jezikri tout bon vre?
   a. Chèche e sove moun ki pèdi .
   b. Délivre nanm yo anba dife lanfè

5. Si w ta gen chans rankontre Nikodèm ki sa w kwè li ta di w? « Wè pa wè fòk ou konvèti. »

Leson 10
Ki sa ki te tèt chaje pou Nikodèm

Vèsè pou prepare leson an : Mk.16 :15 ; Jan.3 :6-16 ; Jan.7 :50-52 ; 19 : 38-42 ; Tra.2 :38 ; 4 :12
Vèsè pou 'li nan klas la : Jan.3 :1-7
Vèsè pou resite : Lachè soti nan lachè, lespri soti nan Lespri Bondye. Jan.3 :6
Fason pou fè leson an : Diskou, konparezon, kesyon
Bi leson an : Montre ke Nikodèm te blije fè yon sèl bagay : se te konvèti

Pou komanse
Ou pa gen dwa rankontre Jezi san pawòl li pa boulvèse konsyans ou. An nou imajinen sak pase nan kè Nikodèm :

I. Nikodèm ap kalkile pou 'l di :
1. Tout ti moun ki fèt gen yon papa ak yon manman. Men pou w gen yon nesans èspirityèl, se Bondye ki papa èspirityèl ou. Se sa nou rele konvèsyon an. Jan.3 :6
2. Van se lè a k ap fè mouvman. Li fèt kan van cho a kouri dèyè lè ki frèt la. Menm jan tou, gen yon lè ki rive pou chalè Sentespri a pouse nou nan direksyon Bondye vle a. Jan.3 : 8 ; 16 :13
3. Jezi vin anonse ke mesaj Levanjil la rive nan tan pou 'l kite Jerizalèm pou 'l ale patou nan lemonn. Se sa ki fè gen pawòl se kounyeya nou tande yo. Nou vin tande lòt mo tankou : Levanjil, padon peche, batèm nouvel nesans, vi etènèl, Sentespri, Sali pou tout moun ni jwif ni payen. Mk. 16 : 15 ; Jan.3 : 3,16 ; Tra.2 :38

II. Annou wè Nikodèm ki pran yon lòt pozisyon

1. Nicodem konvèti.
2. Li montre li konvèti kant l ap temwaye pou Kris devan swasant onz manm nan tribinal jwif la ke yo rele Sannedren. Jan.7 :50-52
3. Li pat pè al mande Pilat kadav Jezi pou 'l al chante fineray la.Jan.19 :38-42
4. Nikodèm ta gen dwa di ke wa Chalmay ak tout zam li, Voltè ak tout konesans li, Bitoven, Moza ak tout bèl konpoziyon yo pat janm kap sove le monn . Jezi se li menm ki sèl Sovè. Tra.4 :12

Pou fini

Eske w rekonèt Jezi pou sovè w ?

Kesyon

1. Ki sa Nikodèm dwe sonje sou mistè nouvèl nesans? Nesans pou kò a soti nan paran nou. Nesans èspirityèl la soti nan travay Sentespri a
2. Ki sa Nikodèm dwe asèpte nan mistè nouvèl nesans la ?
   Si li pat kap konprann eksplikasyon sou bagay natirèl, se pa bagay èspirityèl l ap ka konprann.

3. Ki kalite mo ki nivo nan langaj Kris la ?
   Levanjil, padon peche, batèm, nouvèl nesans, vi etènèl, Sentespri, Sali pou tout moun ni jwif ni payen.
a. Ki jan Nikodèm pral montre ke li konvèti ?
   Li temwaye pou Jezi nan kote l'ap travay, devan lènmi Kris yo.
b. Li prepare kadav Kris pou fineray li.

Leson 11
Yon fanm ki gen prestij

Vèsè pou prepare leson an : 2Wa. 4 : 8-37
Vèsè pou 'li nan klas la : 2Wa. 4 :8-17
Vèsè pou resite : Jezi reponn li: Mwen pa deja di ou:
Si ou kwè, wa wè pouvwa Bondye? Jan.11 : 40
Fason pou fè leson an : Diskou, konparezon,
kesyon
Bi leson an : Montre prestij yon madanm ki konn
resevwa moun lakay li

Pou komanse
Ki jan ou ta dwe resevwa yon vizitè kay ou ? An nou
pran konsey nan fanm Sunamit la.

I. Ki jan madanm sa te konpòte nan sosyete l ?
  1. Li te yon fanm ki gen prestij. 2Wa.4 : 8
  2. Li te yon fanm rezève ki pap fè okenn betiz sou
     mari l. Pwo.31 :11
     a. Li envite pwofèt Elize manje kay li.
         2Wa. 4 : 8
     b. Li antann ak mari l pou 'l bati yon lòt chanm
         nan kay la pou resevwa pwofèt kan li vin nan
         misyon nan vil la. 2Wa.4 : 10

II. Ki moun li te ye nan vi prive 'l ?
  1. « Li pat gen pitit e mari l te komanse vye
      grandmoun. » 2Wa.4 : 14
  2. Konsa, Pwofèt la ki rele 'l. **Li kanpe devan
      pòt chanm pwofèt la, men li pa antre nan
      chanm nan.** 2W.4 :15

3. Elize profetize sou li. Li mande Bondye pou madanm nan gen yon pitit lane pwochenn nan menm lè saa. Vrèman sa te fèt. 2Wa. 4 : 15,17

4. Kan pitit la komanse grandi, li gen yon atak nan sèvo l. Li ale kote pwofèt la. Men avan li deplase, li mande mari l pou 'l chwazi yonn nan sèvitè yo pou ale ansanm avè 'l nan vwayaj la.

5. Li mete pitit la kouche nan chanm li te bati pou pwofèt la. Apre sa, li pati al chèche pwofèt la. 2Wa.4 : 21-22

6. Kan mari l mande' l pou ranvoye vwayaj la, li di 'l ak tout dousè « Tout bagay ok.» 2Wa.4 :23-24

7. Lè li rive, li tonbe ajenou devan pwofèt la e li vle pwofèt la retounen ansanm ak li pou mari 'l ka wè e pou 'l pa doute. 2Wa. 4 : 27

8. Bondye sove ti pitit la gras a Souf Sentespri nan bouch e nan vi pwofèt la. 2Wa 4 : 34

Pou fini

Madanm nan montre respè a mari l nan bon atitid li te genyen nan prezans yon lòt gason, menm si se te yon pwofèt. Medam, pran nòt.

Kesyon

1. Ki jan bib la te rele Sunamit la ? Yon fanm ki gen prestij

2. Ki jan li montre sa ?
   a. Li pa antre nan chanm gason pwofèt kant chanm nan te okipe.
   b. Se mari l li mande pou bay yon konpanyen pou ale kay pwofèt la.

3. Li vle pwofèt la tounen ansanm ak li pou mari' l ka wè ki kote l te ale

4. Montre ke li te gen fwa nan Bondye
   a. Li mete ti pitit mouri a nan chanm li te bati pou pwofèt.
   b. Apre sa li al chèche pwofèt la
   c. Li kwè ke priyè ka geri piti la.

5. Vre ou fo
   a. Sunamit la te gen prestij __V __F
   b. Li te respekte dwa mari l. __V__F
   c. Li te gen anpil respè pou sèvitè Bondye a. __ V__ F
   d. Li te gen krent pou Bondye. __ V__ F
   e. Mari l te fè l konfyans. __ V __ F

Leson 12
Yon pwofèt ki te gen prestij

Vèsè pou prepare leson an : 2Wa. 4 : 8-37
Vèsè pou 'li nan klas la : 2Wa.4 :25-37
Vèsè pou resite : Lèfini, li moute kouche sou ti gason an, li mete bouch li sou bouch ti gason an, je li sou je ti gason an ak men l' sou men ti gason an. Li rete kouche konsa sou ti gason an. Kò ti gason an konmanse vin cho. 2Wa.4 :34
Fason pou fè leson an : Diskou, konparezon, kesyon
Bi leson an : Montre ki jan de atitid yon sèvitè Bondye dwe gade devan yon fanm.

Pou komanse
Si Sunamit la te yon fanm ki gen prestij, ki sa nou ta kap di de pwofèt Elize?

I. Li te yon sèvitè Bondye distenge
1. Li te toujou ansanm ak sèvitè li Gerazi pou pwoteje temwayaj li. 2Wa.4 :12
2. Li pran Gerazi pou yon zanmi. 2Wa.4 : 13
3. Kan li te vle apresye Sunamit la pou sa l fè pou 'li, li fè l nan prezans Gerazi.
4. Li priye Bondye anpiblik pou ti bebe a ki te malad. 2Wa.4 : 14-17
5. Bondye reponn li. Kan ti pitit sa te gen yon maladi nan sèvo l, manman pitit la vin ajenou nan pye l. Li pat repouse madanm nan paske li wè li te nan yon gran doulè. 2Wa4 : 27

II. Li te yon sèvitè ki gen gran fwa nan Bondye

Pouki nou di sa ?

Se paske Letènèl pat revele l lanmò ti pitit la pou de (2) rezon:

1. Dabò pou tèste fwa pwofèt la

2. Answit pou prouve tout otorite 'l nan ka moun mouri l'ap leve l nan lanmò. 2Wa.4 : 27

3. **Manman ti pitit la vin brase pye pwofèt la. Antanke selibatè, pwofèt la pat pwofite pou 'li te fè okenn jès damou ak madanm nan, paske pwofèt la te gen krent pou Bondye.** 2Wa.4 :27b

4. Kan pwofèt la rive kay Sunamit la, li jwen ti pitit la kouche nan chanm ke madanm nan te resève pou li a ak Gerazi. La menm, li kouche sou pitit la pou bay li souf. Pitit la te revni gras a souf Sentespri a nan sèvitè Bondye a. 2Wa.4 :34

5. Se sèlman lè pitit'l refè ke li renmèt li a manman l. 2Wa.4 : 36-37

Pou fini

Menm si ou yon ansyen sèvitè Bondye, toujou montre anpil pridans nan relasyon w ak fiy nan Legliz e toupatou. Sèvitè Bondye yo, tanpri, pran bon nòt.

Kesyon

1. Prouve ke Elise te yon sèvitè Bondye distenge
   a. Li te toujou ansanm ak sevitè li Gerazi kote'l
      prale pou pwoteje temwayaj li
   b. Li pran sèvitè saa pou yon zanmi
   c. Li pale ak Sunamit la nan prezans Gerazi .
   d. Li pa envite Sunamit la antre nan chanm
      gason'l, menm nan yon ka kritik

2. Prouve ke li te gen la fwa
   a. Li priye pou madanm nan gen yon pitit e sa te
      fèt jan li te mande Bondye a.
   b. Li fè pitit la reviv gras a Sentespri a ki tap aji
      nan li.

3. Pouki sa Bondye pat revele l lanmò pitit la ?
   a. Pou tèste fwa l ak sanktifikasyon'l
   b. Pou li konnen ke Bondye pa janmen absan.
   c. Pou li konnen ke nan ka de leve moun nan
      lanmò, se Bondye ki sèl souveren.

Lis vèsè yo

1. Nan denmen, Jan wè Jezi ki t'ap vin jwenn li, li di:
   Men ti mouton Bondye a k'ap wete peche moun
   sou tout latè. Jan.1 :29

2. Se pou mechan yo kite move chemen y'ap swiv la.
   Se pou malveyan yo wete move lide k'ap travay nan
   tèt yo. Se pou yo tounen vin jwenn Seyè a ki va gen
   pitye pou yo. Se pou yo tounen vin jwenn Bondye
   nou an, paske l'ap padonnen tou sa yo fè.
   Eza.55 : 7

3. Pa sezi si mwen di ou: se pou nou fèt yon dezyèm
   fwa. Jan.3 :7

4. Yon moun ki pa gen Lespri Bondye a nan kè l' pa
   ka asepte verite ki soti nan Lespri Bondye a. Pou
   'li, se pawòl moun fou yo ye. Li pa kapab konprann
   yo, paske se Lespri Bondye a ki pou ede l'
   egzaminen yo. 1Ko.2 :14

5. N'ap plede etidye sa ki ekri nan Liv la, paske nou
   mete nan tèt nou nou ka jwenn lavi ki pa janm fini
   an ladan li. Men, se Liv sa a menm ki pale sou
   mwen.Jan.5 :39

6. Konsa, se lè ou tande mesaj la ou vin gen konfyans.
   Mesaj la, se pawòl Kris la y'ap anonse. Ròm.10 :17

7. Jezi reponn li: Ou se yon gwo mèt k'ap montre pèp
   Izrayèl la anpil bagay, epi ou pa konn bagay sa yo?
   Jan.3 :10

8. Pesonn pa janm wè Bondye. Men, sèl Pitit Bondye a, li menm ki Bondye tou, li menm k'ap viv kòtakòt ak Papa a, se li menm ki fè moun konnen Bondye. Jan.1 :18

9. Bondye fè Moyiz ban nou lalwa. Men, se Jezikri ki fè nou konnen renmen Bondye a ansanm ak verite a. Jan.1 :17

10. Lachè soti nan lachè, lespri soti nan Lespri Bondye. Jan.3 :6

11. Jezi reponn li: Mwen pa deja di ou: Si ou kwè, wa wè pouvwa Bondye? Jan.11 : 40

12. Lèfini, li moute kouche sou ti gason an, li mete bouch li sou bouch ti gason an, je li sou je ti gason an ak men l' sou men ti gason an. Li rete kouche konsa sou ti gason an. Kò ti gason an konmanse vin cho. 2Wa.4 :34

Evalyasyon

1. Nan douz leson yo ou soti wè a, ki lès nan yo ki pi touche w ?

   a. Pou tèt pa w ?_____

    b. Pou fanmiy w? _____

    c.   Pou 'legliz ou?_____

    d.   Pou peyi w?_____

2. Ki desizyon w apre klas la?

   _____

3. Ki konsèy ou ta bay a Lekòl dimanch la :

    a._____

4. Kesyon pèsonèl :

    a. Ki jan de kontribisyon mwen te kap pote nan Legliz la?_____

    b. Ki jefò mwen fè pou m amelyore kondisyon'l

    _____

    c. Si Jezi vini kounyeya eske mwen pral fyè de travay mwen?

Dife Anjandre a

Dife 18 - Seri 3

Ou pa renmen m menm jan an ankò

Avangou

Ala yon anmoure ki gen bouch dous ! Ala yon mari ki konn atire moun ! Ki pasyans pase sa ak yon fiyanse ki pa fè rèspè'l. Jezi se yon fiyanse tout bon vre.
Eske nou pa merite repwòch li ? An nou mete nou anba pye Jezi pou nou aprann ki jan pou nou renmen tankou li menm.

Pastè Renaut Pierre-Louis

Leson 1
Repwòch 1 : Ou pa konsidere souvni mwen yo

Vèsè pou prepare leson an: Sòm.139: 5; Mat. 6 :33; 11 :20-40; 14 :23-31; 28 :20; Lik.5 :20; Jan.8 :12; 11: 3-6; 2Ko.13 :5; 2Pyè.3 :9; Rev.2: 4

Vèsè pou 'li nan klas la : Rev.2 :1-7

Vèsè pou resite : Chonje kote ou te ye anvan ou tonbe a, tounen vin jwenn Bondye. Reprann lavi ou t'ap mennen anvan an. Rev.2 :5a

Fason pou fè leson an : Diskou, konparezon, kesyon

Bi leson an : Fè kretyen yo sonje konbyen Sali a koute

Pou komanse

Nan pwen bagay ki fè yon moun santi wap viv pase bon souvni ou genyen de moun ou renmen ak li a. E nou menm, konbyen souvni nou genyen de Jezikri ?

I. Dabò nou gen souvni de dous prezans li
Li ak nou toulejou. Mat.28 :20
1. Li kouwonen nou devan deyè e li mete men'l sou nou. Sòm.139 :5
2. Li mete limyè sou wout nou. Jan.8 :12

II. Apade Sali a, li kite anpil kado pou nou pou fè nou sonje l.
1. Li asepte nou jan nou ye a. Mat. 11 :28
2. Li toujou fidèl nan pwomès li. Mat.6 :33
3. Li padonen nou tout fòt nou yo. Lik.5 :20
4. Li pa aji an gwo nèg ak nou. Li kite nou lib pou nou fè sa nou vle. Rev.3 :20
5. L'ap pran pasyans ak nou jouk nou chanje. 2Pyè.3 :9

a. Si nou ta wè l pa prezan nan yon moman difisil, sonje ke li fè sa se pou nou aprann gen pasyans, pou nou kap swaf prezans li.
Jan.11 : 3-6 ; Ja.1 :2-3

b. Li vle nou aprann aji fwa nou. Mat.14 : 31

III. Men sa nou dwe sonje :

1. Premye souvni nou genyen lè nou te rankontre ak menaj nou, li atache a premye amou nou. Se pa bagay nou dwe janmen bliye. Rev.2 :4

2. Si nou bliye jan nou te konvèti,

    a. Se yon sin ke nou bandonen premye amou an.

    b. Se yon prèv de mank konsekrasyon e mank lafwa nan Jezikri. 2Ko.13 :5

Pou fini

Nou dwe reflechi si li fè nou yon repwòch konsa.
An nou sonje vi pase nou. Glorifye Jezi pou pasyans li e pou Sali a li bay nou san nou pa peye pou 'li.

Kesyon

1. Ki jan de souvni nou genyen de prezans Jezikri ?
   a. Li ak nou toulejou.
   b. Li kouwonen nou devan deyè e li mete men'l sou nou.
   c. Li mete limyè'l sou wout nou.

2. Ki sa nou dwe sonje de anmoure saa ?
   a. Li asepte nou jan nou ye a.
   b. Li toujou fidèl nan pwomès li.
   c. Li padonen nou tout fòt nou yo.
   d. Li pa aji an gwo nèg ak nou. Li kite nou lib pou nou fè sa nou vle.
   e. L ap pran pasyans ak nou jouk nou chanje.

3. Pouki sa Bondye kache l pafwa?
   a. Li vle fè nou anvi wè'l.
   b. Li vle nou aprann aji fwa nou.

4. Ki sa yon fiyanse pa dwe janmen bliye ?
   Pemye souvni li genyen lè li te rankontre ak menaj li a.
5. Sa sa vle di si nou bliye'l. Sa vle di premye amou an pa la ankò.

6. Ki sa pechè a ta dwe fè tout rès vi'l ?
   a. Remèsye Bondye pou pasyans li
   b. Bay li glwa paske li sove w.

Leson 2
Repwòch 2 : Ou pran twòp tan pou w repare fòt ou yo.

Vèsè pou prepare leson an : Mat.5 :15 ; 7 :7-8 ; 25 :34-40 ; Jan.14 :27 ; Ef.2 :10 ; 6 : 14-15 ; Rev.2 :2-5
Vèsè pou 'li nan klas la : Rev.2 :1-7
Vèsè pou resite : Chonje kote ou te ye anvan ou tonbe a, tounen vin jwenn Bondye. Reprann lavi ou t'ap mennen anvan an. Si ou pa tounen vin jwenn Bondye, m'ap vini kote ou ye a, m'ap wete chandelie ou la nan plas kote l' ye a. Rev.2 :5
Fason pou fè leson an : Diskou, konparezon, kesyon
Bi leson an : Ede kretyen an pou 'l repanti

Pou komanse
Eske nou konnen ke twòp abitid detri respè e li detri amou an anmenm tan ? Ki repwòch li te fè a Legliz Efèz la?

I. Avan sa, li fè l kèk konpliman:
1. Li di 'l li fè bon zèv. Sa vle di bon travay li fè gras a don Bondye bay li. Ef.2 :10
2. Li fè bon travay : Sa vle di li ede moun nan kominote a. Mat.25 : 34-40
3. Li gen bon pèseverans : Sa vle di li asiste tout sèvis Legliz la. Rev.2 :2
4. Li fidèl : Sa vle di li respekte doktrin nan Bib la. Rev.2 :2
5. Li gen rezistans : Sa vle di li kenbe lafwa lè li nan eprèv yo. Rev. 2 : 3

II. Kounyeya ki repwòch l'ap fè'l ?

Li di' l ou pa sensè ak mwen tankou lontan. Rev.2 :4
Ou pa janmen anvi m retounen.

1. Kris te bay li yon gwo manto de jistis, li lage'l nan depo endiferans. Mat.5 :15

2. Kris te fè'l kado yon ti meday la pè, li jete l pou 'l mache toutan ak nepe vyolans, ak joure moun. Jan.14 :27

3. Kris te bay li yon soulye de zèl pou 'l al preche, li pito mete yon pantouf la parès pou 'l chita la kay. Ef. 6 : 15

4. Kris di 'l : mande e ou va resevwa, li pito ap plenyen e li pran abònman vanite kay Satan. Mat. 7 :7-8

5. Kris bay li verite pou mare senti l ; li pito mare senti l ak yon ti kòd yo rele pale manti ak ipokrizi. Ef.6 :14

III. Kounyeya, Kris di « li pa kap sipòte kalòt sa yo ». Li fè 'l menas ke l' ap kite avè' l. Rev.2 : 5

Si 'l refize repanti, l'ap tenyen limye a nan figi 'l. Rev.2 :5

Pou fini

Legliz, egzaminen pou nou wè si Kris nan mitan jan aktivite yo nap fè a. Sinon bat pou nou chanje atitid nou.

Kesyon

1. Dapre nou menm ki sa ki kap detwi respè nan yon fwaye? Twòp abitid

2. Ki sa Kris fè avan li repwoche Legliz Efèz ?
   Li fè l konpliman pou travay li, pou zèv li, pou pèseverans li, fidelite l ak kouraj li.

3. Ki sa li te repwoche l ?
   a. Li manke montre enterè nan maryaj la.
   b. Li manke apresye sa l fè pou 'li.
   c. Li montre li endiferan.
   d. Li ipokrit l'ap bay manti.

4. Ki avètisman Senyè a bay ?
   a. Li kap kraze maryaj la.
   b. Li ka vire do l lage l nan fè nwa.

5. Nan ki bi li te pale konsa ?
   Pou pote Legliz la repanti

Leson 3
Repwòch 3 : Ou frekante moun mwen te di w pou w pa frekante

Vèsè pou prepare leson an : Egz.20 :3-5 ; 1Wa.6 :12 ; Sòm.1-6 ; 1Ko.5 :11 ; 15 :33 ;Jid.23 ; Rev.2 :10
Vèsè pou 'li nan klas la : Rev.2 :12-17
Vèsè pou resite : Tounen vin jwenn Bondye non. Si ou pa fè sa, talè konsa m'ap vini, m'ap goumen ak moun sa yo ak nepe k'ap soti nan bouch mwen an. Rev.2 :16
Fason pou fè leson an : Diskou, konparezon, kesyon
Bi leson an : Egzote kretyen yo pou yo chanje kondit yo.

Pou komanse
Gen anpil maryaj ki kraze paske yon patnè pa respekte pwensip yo te antann yo sou li. Ki sa Jezikri mande Legliz ?

I. Dabò pou 'li pa gen okenn relasyon ak Satan.
1. Sa vle di : li pa gen dwa woule debò. Se pou 'li fidèl jiska lamò. Rev.2 :10
2. Letènèl di Izrayèl *« Mwen jalou. Mwen pa vle tande zafè ke ou gen yon lòt dye a kote.» Egz.20 :3*
   a. *Mwen pa vle w adore zidòl ni imaj taye, pou fè m fè kòlè. Egz.20 : 4*
   b. *Okontrè, se pou w obsève Lwa mwen, odonans mwen ak dis komandman mwen yo. 1Wa. 6 :12*

II. Answit, mwen pa vle ou gen relasyon ak vagabon ak moun kap mennen movèz vi. Sòm.1 :1-3
1. Pouki sa ? Se paske ak jan de moun sa yo, Legliz pral kowonpi. Men sa nou li nan Sòm premye :

a. Ala bon sa bon pou moun ki pa **koute konsèy mechan** yo, ki pa swiv **egzanp moun k'ap fè sa ki mal,** ki pa chita ansanm ak **moun k'ap pase Bondye nan betiz,**

b. Se paske lè w frekante move moun, ou san lè pou w vin move moun tou. Sòm1 :1 ; 1Ko.15 :33

III. Pou fini, fòk ou pas frote ak frè yo ki pa konvèti

1. Se yon rezon ki fè apòt Pòl di nou « si yo ofri nou manje se pou nou di non mèsi ».
1Ko.5 : 11

2. Jid di se pa pou nou menm bay moun sa yo lanmen. Jid.23

Pou fini

Moun nan nou te ye, avan nou konvèti a, ap toujou vle reklamen dwa 'l nan la vi nou. Se pou rezon sa nap mande w pou w gade a Jezikri san gade dèyè ni a kote. Li kap proteje w pou w pa fè sa ki mal.

Kesyon

1. Ki sa ki lakòz anpil maryaj kraze ? Se lè yonn nan patnè yo pa respeke pawòl li nan maryaj la

2. Ki premye pawòl pou yo respekte ?
    Pou yo pa gen okenn rapò ak ansyen menaj.

3. Ki sa Letènèl di nan sa ?
    a. Apre mwen, nou pa la pou sèvi okenn lòt dye.
       Nou dwe obeyi Pawòl mwen

4. Ki sa l di pou vagabon yo ?
    Izrayèl pa dwe gen relasyon ak yo

5. Pouki sa ?
    Yo ka lakòz Izrayèl vin kòwonpi.

6. Ki sa nou jwen nan Nouvo kontra a ki apiye pawòl saa ?
    a. Pòl di pou nou pa manje ak yo
       Jid di pou nou pa menm bay yo lanmen

7. Kote pwoblèm sa yo soti ?
    Se moun nan nou te ye avan nou konvèti ki vle tounen sou nou ankò.

8. Ki jan pou nou konbat li ?
    Se pou nou fikse zye nou sou Kris

Leson 4
Repwòch 4 : Ou tronpe m

Vèsè pou prepare leson an : Mat.13 : 24-30 ; 25 : 2-3 ; Fil.3 :17-21 ; 1 Pyè.3 :7

Vèsè pou 'li nan klas la : Fil.3 :17-21

Vèsè pou resite : aske, gen anpil moun k'ap viv tankou moun ki pa vle tande pale jan Kris la mouri sou kwa a. Mwen te deja di nou sa, koulye a m'ap di nou sa ankò ak dlo nan je mwen: Fil.3 :18

Fason pou fè leson an : Diskou, konparezon, kesyon

Bi leson an : Montre ke lè nou kwè nap twonpe Kris, se tèt nou nap twonpe.

Pou komanse

Tout moun ou te envite nan maryaj ou, yo te tande lè ou te di fiyanse an « wi, mwen vle viv ak ou »

Men Satan te la, li te tande tou. Ki jan pou nou kap sipoze ke de moun marye yo te kap separe?

I. Sa rive kan chak moun yo te gen plan sekrè yo sou maryaj la avan yo te marye.

1. Chak nan yo vle sove enterè pèsonel yo, men ki pa ditou nan avantaj maryaj la. Depi moun nan satisfè bezwen l, li chanje atitid.

2. Se konsa gen moun ki afilye nan yon Legliz, men yo pa janmen bay vi yo a Jezi tout bon vre. Yo vin sere nan relijyon e yap pèsevere toutotan sa mache byen pou yo. Moun sa yo se fatra yo ye dapre Kris la. Mat. 13 : 25-30

3. Yon ti eprèv vini konsa, e pi tout moun wè toutaklè ke yo pat sensè vre. Yo tap chofe pou gremesi. Yo pap janm asèpte pote kwa Kris la.

Depi yo gen yon eprèv, yo di se moun ki vin atake yo. Fil.3 : 18-19

II. Ki konsekans sa genyen nan maryaj la ?

1. Moun nan fidèl nan maryaj la toutotan sa bon, men li pap kenbe fèm jiska lanmò. Eza.26 :3

2. Moun nan make pwochen an mal viv. Li di 'l gwo betiz, li fè l menas, li fè l vyolans. Yo pap kouche nan menm kabann. Li maltrete pwochen an jouk yo rive divòse.

   Ki konsekans nan legliz ?

   a. Gen frè ak sè nan Legliz, si ou abòde yo, ou mèt kwè m, se pi gwo enpridans ou te kap komèt.

   b. Jezi rele yo « Vyèj fòl » Mat.25 : 2- 3
      Yo pa gen okenn anvi pou ale nan syèl.

   c. Legliz pou yo, se pa yon kote moun vin adore Bondye, ni pou montre amou ant frè ak sè. Se pito yon anvlòp pou kache tout ipokrizi ak mechanste nan kè yo.
      Fil.3 : 18-19

   d. Si w twonpe Jezi ki yon mari fidèl, se tankou ou te twonpe pwòp tèt pa w.

Pou fini

Se Jezi sèl ki kap mennen yon moun nan syèl. Pa genyen okenn Legliz ni relijyon ki kap fè sa pou w. Jezi ap toujou kenbe pwomès li. Bat pou w kenbe pa w tou.

Kesyon

1. Ki moun ou konn jwen ki vinn nan maryaj yo ? Moun nan kap selebre maryaj la, moun k ap marye yo, parenn ak marenn, envite yo ak vizitè.

2. Ki lès ki la pou 'l detri maryaj la ? Satan.

3. Ki sa li anplwaye pou sa ? Li fè ke chak moun marye yo gen pwojè ankachèt pou 'lòt la pa konnen.

4. Koman ou kap rekonèt kretyen ki kache pwojè li a Kris ?
   a. Li kache andedan yon relijyon san li pa janm bay vi li a Kris.
   b. L'ap kite Levanjil pou yon krik ak yon krak
   c. Li pa asèpte okenn eprèv

5. Vre ou fo
   a. Dèske ou kap mete yon bag nan dwèt ou, ou marye. __ V __ F
   b. Dèske mwen li Bib mwen, e mwen kap priye fò, mwen se yon gran kretyen __V __F
   c. Mwen pa kap bay mari m tout sekrè m.__ V _ F
   d. Si l ta rive dekouvri m, ma di 'l li te konn sa déjà. __V __F

Leson 5
Repwòch 5 : Ou twò fwèt

Vèsè pou prepare leson an : Egz.14 :14 ; Sòm.34 :
2 ; Mat.6 : 31 ; 24 :13 ; Fil.1 : 19-26
Vèsè pou 'li nan klas la : Fil.1 :19-26
Vèsè pou resite : Paske pou mwen, lavi se Kris la. Se
poutèt sa lanmò se yon gan y pou mwen. Fil.1 :21
Fason pou fè leson an : Diskou, konparezon, kesyon.
Bi leson an : Ede legliz pou 'l sispan viv nan routin

Pou komanse
Eske gen yon diferans ant fiyanse ak epouz ? Ou mèt
kenbe repons la toujou. Men ki sa m ap mande w :
koman eksplike ke moun ki nan renmen ak moun ki
fin marye yo pa menm jan ?

I. An nou wè atitid moun ki nan renmen
1. Pou jenn nonm nan menm
   Li toujou fè yon bann pwomès a anmourèz li.
   Li dispoze pou 'l fè nenpòt bagay pou fè fiy la
   plezi.
2. Pou jenn fiy la menm
   Li fè tankou li pa konn pale pou 'l koute tout
   sa menaj la ap di'l. Li fè yon ti ri e li fèmen
   bouch li. Kan mesye a vire do, li komanse
   repase tout bèl pawòl ak tout bèl pwomès
   misye a. Li ap rejwi de bèl kado yo ak tout ti bo
   mesye a te fè pou li.
   a. Yo wè tan an pase vit. Toulede moun yo vle
      rankontre ankò tout swit.
   b. Pandan tan saa, toulede moun yo ap chofe
      pou jou maryaj la. Yo konsa tan ke yon

eprèv pa mete pye pou w konnen si yo te sensè vre.

II. Ki jan moun konnen ke nou fidèl vre a Senyèa ?

1. Kan nou gade la fwa nan Bondye lè afè nou pa bon. Mat. 6 : 31
2. Kan nou gade sanfwa nou nan mitan danje. Egz. 14 :14
3. Kan nou bay Bondye glwa nan mitan pwoblèm yo. Sòm. 34 : 2
4. Kan nou rete fidèl nan travay Senyè a malgre tout pwoblèm. Mat.24 : 13
5. Kan nou pa pè sakrifye tout bagay pou travay Senyè a. Fil.1 :21

    Men sa nou rele yon fiyanse ki fidèl.

III.Yon bagay nou wè ki fè mal anpil

Gen anpil kretyen ki pa bay zafè syèl la okenn valè. Pouki sa ? Se paske yo twò fwèt. Fil.3 :18

Pou fini

Réveye w ! Bat pou w fidèl ! Sonje ke Senyè a ap toujou fidèl.

Kesyon

1. Ki jan fiyanse a konpòte l avan maryaj ? Li fè anpil
    pwomès a fiy la e li dispoze pou fè tout bagay pou
    fè 'l plezi.

2. Ki jan fiy la konn konpòte avan maryaj ?
    Li mete zorèy li alekout pou tande tout bèl pawòl
    mesye a san l pa pale.

3. Ki jan nou kap montre ke kretyen an fidèl a Kris ?
    a. Kan li gade la fwa nan Bondye lè afè 'l pa bon.
    b. Kan li gade sanfwa nou nan mitan danje.
    c. Kan li bay Bondye glwa nan mitan pwoblèm yo.
    d. Kan li rete fidèl nan travay Senyè a malgre tout
        pwoblèm.
    e. Kan li pa pè sakrifye tout bagay pou travay
        Senyè a

4. Ki kote maryaj Jezikri ak Legliz la pral fèt ?
    Nan syèl la, nan Jerizalèm nan ki anwo a

Leson 6
Repwòch 6 : Konfyans ou nan mwen an diminye

Vèsè pou prepare leson an :Sòm.139: 23-24; Mat.4:10; Rom.2 :24 ; 8 :31-39 ; Ga. 2 :20 ; Fil.1 :21 ; Kol.3 :15 ; 2Pyè.3 :17 ; Rev.21 :4

Vèsè pou 'li nan klas la : Ga.2 :20-21

Vèsè pou resite Se sak fè, se pa mwen k'ap viv ankò, se Kris la k'ap viv nan mwen: lavi m'ap mennen nan kò m' koulye a, m'ap viv li nan konfyans mwen gen nan Pitit Bondye a ki te renmen m sitèlman li te rive bay lavi l' pou mwen. Ga. 2 :20

Fason pou fè leson an : Diskou, konparezon, kesyon

Bi leson an : Envite kretyen yo a renouvle angajman yo pou rete fidèl a Senyè a.

Pou komanse
Se yon bagay ki fò anpil kant de moun marye fè sèman pou yo rete fidèl yonn ak lòt. Se toude moun yo ki pou fè sèman saa e li pa dwe yon pawòl vag.

Ki sekrè li gen ladan ?

I. Li vle di ke chwa ou fè a definitif
1. Se yon sèl moun nan pou w rete avè 'l san okenn kondisyon.
2. Ou pran desizyon pou w respekte non 'l dapre fason wap aji. Rom.2 :24
3. Malgre move lide ki kap travèse tèt ou, wap rete fidèl a angajman w. Rom. 8 : 35, 38-39

II. Ou konnen ke Kris gen mwayen pou wè si w fidèl vre.

Sa vle di ke menaj ou a kap voye yon lòt zanmi gason al pale avè w de zafè renmen, pou 'l wè si ou pap trayi 'l. Sòm.139 : 23-24

1. Puiske Kris se menaj ou, se pou w rete ak li, li menm sèl. Mat.4 : 10 ; Rom. 8 :31

2. Puiske li tal ranmase w nan fatra, se pou w sonje pou w gen l rekonesans. Kol.3 :15

3. Puiske li sove w anba lanmò, ou dwe renmèt li tout vi w. Ga.2 :20 ; Fil.1 :21

4. Puiske li rezève yon plas pou w, menm kote avè 'l nan syèl la, ou dwe pran tèt ou pou moun pa fè w fè tenten jouk tan ou pèdì pozisyon w. 2Pyè 3 :17

5. Puiske li pwomèt pou 'l siye tout dlo nan zye w se pou w rete chita tann li san gade dèyè. Rev. 21 : 4

Se pou m tande wap di kounyeya : « Ki moun e ki sa ki ta kap separe m ak Kris ? Pa gen sa pyès ! Rom. 8 :35-39

Pou fini

Lè Bondye bay nou eprèv se pa pou fè nou merite syèl la, men pou anpeche nou ale nan lanfè. An nou antann nou ak Senyè a.

Kesyon

1. Ki angajman ki pi fò nan zafè maryaj la ? Sèman yonn fè ak lòt pou yo rete fidèl.

2. Ki sekrè li gen ladan ?
   a. Chwa ou fè a li definitif
   b. Kris kap tèste w pou wè si w fidèl tout bon vre.

3. Ki sa sa vle di ke chwa a definitif ?
   a. Se yon sèl moun nan pou w rete avè l san okenn kondisyon.
   b. Ou pran desizyon pou w respekte non l dapre fason wap aji. Rom.2 :24
   c. Malgre move lide ki kap travèse tèt ou, wap rete fidèl a angajman w

4. Montre ki jan ou kap montre fidelite w a angajman w ak Kris:
   a. Puiske Kris se menaj ou, se pou w rete ak li, li menm sèl.
   b. Puiske li tal ranmase w nan fatra, se pou w sonje pou w gen l rekonesans.
   c. Puiske li sove w anba lanmò, ou dwe renmèt li tout vi w.
   d. Puiske li rezève yon plas pou w menm kote avè l nan syèl la, ou dwe pran tèt ou pou w pa pran lòt moun sou li
   e. Puiske li pwomèt pou 'l siye tout dlo nan zye w se pou rete chita tann li san gade dèyè.

Leson 7
Repwòch 7 : Mwen ap mande eske w fidèl vre

Vèsè pou prepare leson an : De. 10 :18-22 ; Sòm.41 :
1 ; 77 :7 ; Ekl.4 :17 ; 5 :1 ; Da.5 : 1-7 ; Mat.6 :6 ;
Lik.16 :1-12 ; Jan.2 :4 ; Rom.5 :6 ; 2Ko.9 :7 ; Ef.5 :16 ;
1Ti. 2 : 9-10 ; 5 :8 ; 1Jan.3 :17 ; 4 :20
Versets à lire en classe : Lik.16 :1-10
Vèsè pou resite : Moun ki kenbe pawòl li nan tout ti
bagay, la kenbe l nan gwo bagay tou. Men, moun ki pa
serye nan ti bagay, li p'ap serye nan gwo bagay non plis
Lik. 16 :10
Fason pou fè leson an : Diskou, konparezon, kesyon
Bi leson an : Pale de fason pou nou jere vi nou

Pou komanse
Pa manke fason pou Kris kap tèste nou. Nan ki fason
konsa ?

I. Dabò nan fason nou sèvi ak lè:
   a. Kris fè tout bagay pou nou nan lè. Jan.2 : 4
      Fòk nou di w se sekrè tout moun ki vle reyisi.
   b. Kan lè a sonnen, Bib la di nou « Kris mouri pou
      pechè yo ». Rom. 5 :6
   c. Pòl egzote nou pou nou pa pèdi tan nou.Ef.5 :16

II. Answit nan fason nou jere byen Legliz la.
   Bondye gen dwa blanmen w lè ou maltrete zafè li
   nan Legliz . Wa Belchatzar te pèdi pouvwa l paske
   li te pèmèt li sèvi mal ak veso Letènèl. Da. 5 : 1-7

III. Answit nan fason nou jere edikasyon nan
fanmiy nou :

Nou dwe èlve ti moun nou ak bon egzanp. Konsa :
1. Nou dwe vini legliz nan lè.
2. Nou pa dwe pale nan legliz. Ekl. 4 :17 ; 5 :1
   a. Nou dwe bay dim nou ak ofrann nou ak gran jwa nan kè nou nan Legliz, men se pa nan gwoup nou. 2Ko.9 :7
   b. Nou dwe abiye ak rad ke Kris ta kap mete tou. 1Ti.2 :9-10

IV. Nan devosyon nan fanmiy la

1. Li dwe fèt chak jou. Nou dwe li Bib la, medite Bib la chak jou. Chak moun nan kay la dwe priye nan devosyon an. 1Ti.5 :8
2. Si w reveye nan lannwit, ou dwe priye ankò pou di Bondye mèsi pou bout nwit la ou déjà wè a. Sòm.77 :7

V. Nan fason nou administre byen nou

1. Nou dwe respekte sa pou nou bay pòv, moun ki nan nesesite, etranje yo, vèv yo ak ofelen yo. De. 10 : 18-22 ; Sòm.41 :1 ; 1Jan.3 :17
2. Koute sa lapòt Jan di nou : « Si w pa renmen frè w ou wè ki jan ou kap pretann ou renmen Kris ke ou pa wè? 1Jan.4 :20

Pou fini

An nou bat pou nou asèpte sa paske Bondye rezève yon gwo pwomosyon pou nou.

Kesyon

1. Nan ki bagay ki fèt chak jou Kris kapab tèste nou?
   a. Nan fason nou respèkte lè.
   b. Nan fason nou respèkte byen legliz
   c. Nan fason nou trete ak fanmiy nou
   d. Nan devosyon nan fanmiy nou
   e. Nan fason nou jere byen pa nou

2. Ki sa nou jwen nan tout pèp kap dominen le monn ? Yo respèkte lè

3. Ki egzanp Kris bay nou ? Li toujou alè

4. Pouki sa Letènèl te wete pouvwa nan men wa Belchatza ?
   Paske li te souye veso sakre Letènèl

5. Ki pi bon fason pou nou èlve pitit nou ?
   Pou nou bay yo bon egzanp.

6. Bay nou twa nan yo
   a. Ou pa pale legliz
   b. Ou bay ofrann ou ak dim ou ak gran jwa
   c. Ou abiye pwòp.
   d. Ou montre pèseverans nan priyè.

7. Ki sa pou nou pale de li nan devosyon kay nou ?
   a. Sou fason pou nou jere byen nou
   b. Sou sa pou nou bay pòv, vèv yo, ofelen yo ak etranje yo

Leson 8
Repwòch 8   Zèl ou a kase

Vèsè pou prepare leson an : Rom.12 : 9-16
Vèsè pou 'li nan klas la : Rom.12 :9-16
Vèsè pou resite : Travay di, pa fè parese. Mete aktivite nan sèvis n'ap rann Mèt la. Ròm.12 :11
Fason pou fè leson an : Diskou, konparezon, kesyon
Bi leson an : Ankouraje kretyen yo pou yo viv tankou kretyen anba direksyon Sentespri a.

Pou komanse
Tout mennaj ki onèt bay premye plas a patnè li nan pwogram li. Se konsa kretyen an ta dwe bay Kris premye plas nan vi l.

I. Ki jan li ta dwe konpòte l nan fanmiy li?
Li dwe aji :
1. Ak amou san ipokrizi. Rom.12 : 9
2. Li dwe rayi fè sa ki mal. Rom. 12 : 9
3. Li dwe tou prèt pou ede frè l ak sè 'l nan Kris nan bezwen yo. Rom. 12 : 10, 13
4. Li dwe cho konsa pou fè travay Bondye. Rom. 12 :11

II. Ki jan li ta dwe aji nan vi pèsonèl li ?
1. Li dwe priye pou moun kap pèsekite' l paske se yon okazyon li jwen pou 'l priye pi plis pou Bondye kap chanje l. Rom.12 : 14
2. Li dwe pran yon tan pou 'l an jwa ak fanmiy ki gen maryaj ou ki ap fè yon ti fèt. Rom.12 : 15
3. Li dwe kanpe ak yo lè yo gen ka aksidan ou ka lanmò Rom.12 : 15
   Kan li fè l konsa :

a. Li fòtifye relasyon yo ant kretyen e yo detri
zafè moun pa ak vye prejije. Rom.12 : 16

b. Lè yo gen pwoblèm pa yo, lòt kretyen yo a
sonje vizite yo e asiste yo tou. Rom.12 :16

c. Li va fè plis èksperyans kant li aprann koman
Jezi beni lòt yo. Rom.12 : 16

III. Ki kote sa soti ?

Nan vi devosyon 'l. Pa gen moun ki kap renmen
frè l tout bon si l pa gen yon relasyon kole kole ak
Kris. Se yon gwo pa ki posib sèlman nan
obeyisans nou a Sentèspri a. Ga.2 :20

Pou fini

Men pou nou chofe flanm lanmou an pou Kris, fòk
kan menm nou chèche konnen kote kretyen yo rete.
Nan ki pwen ou ye nan ka saa ?

Kesyon

1. Ki sa ki ta dwe gen plis enpotans pou yon menaj ki fidèl ? Moun nan li marye avèl la.

2. Ki jan yon kretyen dwe pou 'li konpòte nan mitan fanmiy li ?
    a. Ak yon amou san ipokrizi.
    b. Pou 'l rayi sa ki mal.
    c. Pou li pa chich e pou 'li prèt pou resevwa moun.
    d. Pou 'li fè tout bagay pou Kris ak anpil devouman

3. Ki jan pou 'li aji nan vi pèsonèl li ?
    a. Li dwe priye pou moun kap pèsekite l yo. Li dwe ansanm ak frè yo nan la jwa ak nan la penn

4. Pouki sa ?
    a. Pou fòtifye relasyon ant frè ak sè
    b. Pou konbat prejije ak zafè moun pa
    c. Pou 'lòt ka dispoze pou asiste 'l lè 'l ta gen bezwen tou.

5. Ki kondisyon pou w renmen frè w?
    Si wap mennen yon vi kole kole ak Kris.

Leson 9
Repwòch 9 : Se tèt ou sèlman w wè

Vèsè pou prepare leson an : Sòm.34:8; 40 :6 ;
Lik.5 :20 ; Jan. 4:35; 13:33-35; 20:21; Rom.5 :8 ; 10 :9 ;
1Ko.13 :4 ; Fil.4 :6 ; Ebre.10 :31 ; 12 :29 ; 1Jan.1 :9 ;
Rev.21 :27
Vèsè pou 'li nan klas la : Jan.13 :33-35
Vèsè pou resite : Si nou yonn renmen lòt, lè sa a tout
moun va konnen se disip mwen nou ye. Jan.13 :35
Fason pou fè leson an : Diskou, konparezon, kesyon
Bi leson an : Fè frè yo santi ki jan Bondye gen amou
ak kè l kase pou yo

Pou komanse
Tout bon renmen pa anpeche renmen'l lan montre
amou l jan li konnen. Men èske yon menaj ta dwe abize
yon menaj paske li montre l yon moun ki dou ?

I. Ki jan Jezi montre ke li renmen nou ?
1. Li tolere nou : Peche nou pa fè'l sezi. Li te konn
   sa. Li tou prèt pou padonen nou san fè okenn
   diskisyon. Lik.5 :20
2. Li montre pasyans li jouk yon jou nou konsyan
   pou nou repanti. 1Ko.13 :4

II. Koman nou ta dwe montre nou renmen l ?
1. Lè n ap konsidere sakrifis li fè pou sove nou.
   Rom. 5 :8
2. Lè n ap bay li glwa pou repons a priyè nou.
   Fil.4 :6
3. Lè n ap konsidere padon li bay nou pou chak
   fòt nou yo. 1Jan.1 :9

4. Lè n ap apresye prezans li nan la vi nou kant nou andanje. Sòm.34 :8
5. Lè n ap apresye mizerikòd li pou sa li fè pou nou san nou pa menm fè atansyon a sa. Sòm.40 :6

III. Ki sa Bondye ap tann de nou ?

1. Pou nou repanti tout bon paske pa gen anyen ki sal kap antre nan wayòm li an. Rev.21 : 27
2. Pou nou rann temwayaj de pwogrè Kris fè nan la vi nou. Rom.10 :9
3. Pou nou vle sèvi'l san enterè. Pou nou devwe pou sove lòt yo menm jan li te sove nou. Jan.20 :21
4. Nou dwe leve zye nou pou wè pi lwen kote nanm yo bezwen sove. Yo sèlman ap tann yon moun pou vinn pale ak yo. Jan.4 :35

Pou fini

Sonje ke si Jezi gen pasyans, li yon dife ki ka detri tout bagay. Ebre.12 :29

Atansyon pou nou pa tonbe anba jijman' l. Ebre.10 :31

Kesyon

1. Ki jan yon menaj ta dwe aji ak patnè 'l ? Li dwe kite l lib pou 'l montre amou 'l jan l vle.

2. Kisa ki pa tolerab nan relasyon yo ?
   Kan yon menaj konprann ke li dwe abize lòt la, paske li montre 'l twò dou.

3. Ki jan Jezi montre li renmen nou ?
   Li èkskize nou pou tout sa nou fè ki mal. Li sipòte nou

4. Pouki li fè sa ? Pou bay nou tan pou nou repanti

5. Ki jan pou nou montre ke nou renmen 'l ?
   a. Lè n ap konsidere sakrifis li fè pou sove nou.
   b. Lè n ap bay li glwa pou repons a priyè nou.
   c. Lè n ap konsidere padon li bay nou pou chak fòt nou yo.
   d. Lè n ap apresye prezans li nan la vi nou kant nou andanje.
   e. Lè n ap apresye mizerikòd li pou sa li fè pou nou san nou pa menm fè atansyon a sa.

6. Ki sa 'l ap èspere de nou ?
   Pou nou repanti, pou nou sanktifye e mennen yon vi ki sensè.

7. Ki sa nou dwe sonje de Jezikri ?
   Ke li amou , li gen pasyans, men li yon dife devoran tou.

Leson 10
Repwòch 10 : Tout moun wè jan ou endiferan

Vèsè pou prepare leson an : Sòm.33 :9 ; 46 :1 ; 62 :10-11 ; Ezas. 26 :3 ; Jer.23 : 25-29 ; Oz.4 :11 ; Mat. 18 :20 ; 28 :20 ; Jan.14 : 14 ; 2Ko.4 :3-4 ; Fil.4 :19 ; 2Ti.4 :3-4
Vèsè pou 'li nan klas la : Rev.3 :14-22
Vèsè pou resite : Lè nou wè n'ap fè lajan, pa kite l' pran nanm nou. Sòm.62 :10b
Fason pou fè leson an : Diskou, konparezon, kesyon
Bi leson an : Ankouraje kretyen yo pou yo okipe ak travay Senyè a avan solèy la kouche sou lemonn.

Pou komanse
Senyè a ap repwoche endiferans legliz Lawodise. Eske li pa gen rezon l pou sa ? An nou mete nou nan plas li :

I. Gade yon menaj kap kase tèt li pou 'li okipe madanm li .
1. Li gen tan pou li.
2. Li bay li tout sa li bezwen
3. Li bay li tout sa li te pwomèt li.
4. Li bay yon bon kat kredi pou kouvri tout depans sanzatann yo.
5. Si l gen pou 'l vwayaje, li bay li kote pou 'l pran tout sa li bezwen.

II. Jezi se fiyansé Legliz, men sa li fè :
1. Li ak nou toulejou. Mat.18 :20 ; 28 : 20
2. Li bay nou tout bagay dapre tout richès li genyen nan gras li. Fil.4 :19

3. Li fidèl nan pawòl li e li pa janmen abandonen nou lè nou nan detrès. Sòm.33 :9 ; 46 :1
4. **Non li se yon kat kredi ki bon pou tout sikonstans.** Jan.14 :14

III. Ki kote pou endiferans ou a soti ?
    a. Paske byen materyèl yo fè nou pa wè klè. Sòm. 62 :11b ; Oze.4 :11
    b. Paske nap chèche bagay lachè pou satisfè vye dezi nou genyen. 2Ti.4 :3-4
    c. Paske lajan wete bonanj nou. 2Ko.4 :3-4
    d. Nou kap byen mete levanjil la akote pou n chita anba bouch fo pwofèt yo kap rankonte visyon lè vant yo byen plen. Je. 23 :25-29
       Se tout bagay sa yo ki k ap fè nou endiferan

Pou fini
Jezi pran pou asosye moun ki gen konviksyon. Fè chwa w depi kounyeya. Eza.26 :3

Kesyon

1. Ki jan ou rekonèt yon moun pou yon bon mari ?
   a. Li gen tan pou madanm li.
   b. Li bay li tout sa li bezwen
   c. Li bay li tout sa li te pwomèt li.
   d. Li bay yon bon kat kredi pou kouvri tout depans sanzatan yo.
   e. Si l gen pou 'l vwayaje, li bay li kote pou 'l pran tout sa l bezwen

2. Koman Jezi aji tankou fiyanse Legliz li ?
   a. Li ak li toulejou.
   b. Li bay li tout bagay dapre tout richès li genyen nan gras li.
   c. Li fidèl nan pawòl li e li pa janmen abandonen'l lè li nan detrès.
   d. Non li se yon kat kredi ki bon pou tout sikonstans

3. Ki sa ki kap kòz yon kretyen endiferan ?
   a. Paske byen materyèl fè 'l pa wè klè.
   b. Paske l'ap chèche bagay lachè pou satisfè vye dezi li genyen.
   c. Paske lajan wete bonnanj li.
   d. Li kap byen mete levanjil la akote pou 'l chita anba bouch fo pwofèt yo kap rankonte visyon lè vant yo byen plen.

4. Vre ou fo
   a. Endiferans vle di ou gen sanfwa. __ V __ F
   b. Endiferans vle di ou nan peche. _V _ F
   c. Pou Jezi montre m li renmen m li fè m rich __ V __ F
   d. Yon kretyen kap fè tenten nan legliz , li pa endiferan. __V __ F

Leson 11
Avètisman : Map tounen sanzatann

Vèsè pou prepare leson an : Zak.14 :4 ; Mat.24 : 27, 51 ; Jan.14 :3 ; Tra.1 :11 ; 1Tès. 4 : 16-17 ; 2Pyè.3 :4-7 ; Rev.2 :16-23 ; 20 :6 ; 22 : 12

Vèsè pou 'li nan klas la : 1Tès.4 :13-18

Vèsè pou resite : Jezi di: Koute, m'ap vin talè konsa. M'ap pote rekonpans m'ap bay la avè m', pou m' bay chak moun sa yo merite dapre sa yo fè. Rev.22 :12

Fason pou fè leson an : Diskou, konparezon, kesyon

Bi leson an : Avèti kretyen yo pou yo viv nan Levanjil la tankou yo te nan dènye jou a.

Pou komanse

« Map vini sanzatann » Sa se yon avètisman le Senyè voye bay nou. Li mande nou pou nou prepare tann li.

I. Ki sa ki genyen nan avètisman sa ?

1. Se pou 'li fè nou sonje ke l'ap tounen
   Anj yo te di sa : Li gen pou tounen pou tout moun kap wè l nan menm kò a li te monte nan syèl la. » Tra.1 :11

2. Se yon okazyon pou fè tout fidèl kretyen yo kontan. L'ap vini ak tout rekonpans pou peye chak moun selon sa yo te fè. Rev 2 :23b

3. Se yon avètisman pou tout moun ki pa konnen ak moun tout ki bliye sa. Jan.14 :3

4. Yo kap bliye ke moun nan tan Noye a, yo te noye anba Delij dlo a. Men Bondye rezève la tè kounyeya pou detri l ak dife, ak jijman Bondye pou frape tout moun kòwonpi yo. 2Pyè.3 : 4-7

5 . Nou gen tout rezon pou nou pè pou yo paske jijman Bondye ap tann yo.Mat.24 :51; Rev.20 : 6

II. Ki diferans ki genyen ant Legliz kap anlve ak Jezikri kap retounen ?

1. Lè Jezikri vinn anlve Legliz.
   a. Se yon bagay kap fèt tankou yon kout zeklè ki pati depi nan Lès pou 'l ale nan Lwès. Mat.24 :27
   b. Lè saa, Jezi pap desann sou tè a. 1Tès 4 :16-17
2. Lè l'ap retounen pou jije lemonn ak tout nasyon yo, yo rele sa Pawouzi. Sa pral fèt apre Gran tribilasyon an.
   a. Lè saa, Jezi pral poze pye 'l sou mòn Olivye. Zak.14 :4
   b. L'ap vini pou jije moun yo ki rebèl. Yo pral mouri de fwa. Rev. 20 : 6

Pou fini
Atansyon pou nou pa pran sipriz !

Kesyon

1. Ki dènye mesaj Kris gen pou nou ? Map vini sanzatann.

2. Ki sa mesaj sa vle di ?
   a. Se pou 'li fè nou sonje ke l' ap tounen
   b. Se yon okazyon pou fè tout fidèl kretyen yo kontan paske l'ap vini ak tout rekonpans yo
   c. Se yon avètisman pou tout moun ki pa konnen ak moun tou ki bliye sa.

d. Se pou yo sonje ke la p vin jije moun yo nan tan Noye a tou.

3. Ki diferans ki genyen ant Legliz kap anlve ak Jezikri kap retounen?
   a. Lè Jezikri vinn anlve Legliz, se yon bagay kap fèt nan yon bat je. **Lè saa, Jezi pap desann sou tè a.**
   b. Lè l'ap retounen pou jije lemonn ak tout nasyon yo, yo rele sa Pawouzi. Sa pral fèt apre Gran tribilasyon an.
      Lè saa, **Jezi pral poze pye l sou** mòn Olivye.
   c. L'ap vini pou jije moun yo ki rebèl. Yo pral mouri de fwa.

4. Trouve bon repons la
   a. Jezi ap tounen nan yon dimanch Pak.
   b. Jezi te tounen déjà.
   c. Jezi ap vin chèche Legliz men tout moun pap wè l
   d. Jezi pap janmen tounen vre.

5. Trouve pi bon repons la
   a. Chak lè yon moun mouri, se la fendimonn
   b. La fendimonn ap fèt yon sèl kou avan dènye jijman an.
   c. Lafendimonn se yon blag.

Leson 12
Mesaj lèspwa : Ki sa Kris ap tann de nou

Vèsè pou prepare leson an : Lik.13 : 1-5 ; Rev.2 :1-7

Vèsè pou 'li nan klas la : Rev.2 : 1-7

Vèsè pou resite : Mwen di nou: Non. Men, si nou menm nou pa tounen vin jwenn Bondye, nou tout n'ap peri menm jan an tou. Lik.13 :5

Fason pou fè leson an : Diskou, konparezon, kesyon

Bi leson an : Pou kretyen yo ka chanje kondit yo

Pou komanse

Bondye nou tande ki pa fache fasil la, ki bon e fidèl la, li menm tou se yon dife ki kap detri tout bagay. Ki jan ou menm ou ta renmen konnen l. Sa depan de jan ou dijere pawòl li.

I. An nou wè ki jan li ankouraje nou :

1. Li ofri padon 'l a tout moun. Mat.11 :28-29
2. Li envite tout moun pou vinn jwen li kelkeswa kondisyon w. Mat.11 :28
    a. Li vle sèlman ke w vini ak repantans nan kè w. Li di w : « Sonje ki kote w te tonbe e repanti w. » Rev.2 : 5
    b. Li vle w chanje atitid e rekomanse fè bon bagay pou 'li . Rev.2 :5
    c. Li fè w yon bon pwomès : L'ap bay ou la vi pou toutan gentan. Rev..2 :7

Bondye pa chanje plan li pou nou. Se nou ki pou konfòmen nou. Eske nou pa santi nou kontan pou bon pawòl sa yo ki ankouraje nou?

II. Pinisyon kap tann rebèl yo

1. Si yon moun ap fè rebèl, li pa gen tande, Senyè a di li pral lage 'l nan fè nwa. Sentèspri ap di 'l orevwa ». Rev.2 : 5
2. Depi lè sa, li san pwotèksyon e Satan gen pouvwa sou li. 1Jan. 5 :19
3. Kè w vin pi di, nanm ou ap revòlte kont mesaj pawòl Bondye. 2Ti.4 : 3-4
4. Ou pral mouri yon dezyèm fwa e ou menm ak Bondye nou va yonn separe ak lòt pou tou tan. Rev .29 :14-15

Pou fini

Si yon nonm gen yon avètisman, li vo de (2) moun. E ou menm, konbyen moun ou vo ?

Kesyon

1. Ki jan Bondye montre karaktè 'l? Li pa fache fasil,
   li gen anpil bonte e li fidèl. Men li menm tou se
   yon dife ki kap detri tout bagay.

2. Ki jan li bay nou kouraj ?
   Li bay nou mwayen pou nou touve gras li ak
   padon l ?

3. Ki sa li mande nou pou nou fè pou sa ?
   a. Pou nou sonje nan ki bagay nou te chite
   b. Pou nou rekomanse nan yon bon vi
   c. Pou nou pa pedi vi ak Bondye pou toutan an

4. Sinon, ki sa 'l pral fè ?
   a. L ap lage w nan fè nwa
   b. L ap kite Satan gen pouvwa sou w.

5. Vre ou fo
   a. Jezi ap tounen lòt senmenm _ V _ F
   b. Jezi pap janmen retounen vre. __V __F
   c. Jezi gen pou parèt anlè a. __ V __ F
   d. Jezi ap fè ladesann nan Mezon Blanch _V__ F
   e. Jezi ap vini toudenkou. __ V __ F
   f. Tout moun ap ka wè l. __ V __ F

120

Lis vèsè yo

1. Chonje kote ou te ye anvan ou tonbe a, tounen vin jwenn Bondye. Reprann lavi ou t'ap mennen anvan an. Rev.2 :5a

2. Chonje kote ou te ye anvan ou tonbe a, tounen vin jwenn Bondye. Reprann lavi ou t'ap mennen anvan an. Si ou pa tounen vin jwenn Bondye, m'ap vini kote ou ye a, m'ap wete chandelie ou la nan plas kote l' ye a. Rev.2 :5

3. Ounen vin jwenn Bondye non. Si ou pa fè sa, talè konsa m'ap vini, m'ap goumen ak moun sa yo ak nepe k'ap soti nan bouch mwen an. Rev.2 :16

4. Paske, gen anpil moun k'ap viv tankou moun ki pa vle tande pale jan Kris la mouri sou kwa a. Mwen te deja di nou sa, koulye a m'ap di nou sa ankò ak dlo nan je mwen. Fil.3 :18

5. Paske pou mwen, lavi se Kris la. Se poutèt sa lanmò se yon gany pou mwen.. Fil.1 :21

6. Se sak fè, se pa mwen k'ap viv ankò, se Kris la k'ap viv nan mwen. Ga.2 :20 a

7. Moun ki kenbe pawòl li nan tout ti bagay, la kenbe l' nan gwo bagay tou. Men, moun ki pa serye nan ti bagay, li p'ap serye nan gwo bagay non plis. Lik.16:10

8. Travay di, pa fè parese. Mete aktivite nan sèvis n'ap rann Mèt la. Ròm 12 :11

9. Si nou yonn renmen lòt, lè sa a tout moun va konnen se disip mwen nou ye. Jan 13 :35

10. Lè nou wè n'ap fè lajan, pa kite l' pran nanm nou. Sòm.62 :10b

11. Jezi di: Koute, m'ap vin talè konsa. M'ap pote rekonpans m'ap bay la avè m', pou m' bay chak moun sa yo merite dapre sa yo fè. Rev.22 :12

12. Mwen di nou: Non. Men, si nou menm nou pa tounen vin jwenn Bondye, nou tout n'ap peri menm jan an tou. Lik 13 :5

122

Evalyasyon

1. Nan douz leson yo ou soti wè a, ki lès nan yo ki pi touche w ?

    a. Pou tèt pa w ?_____

    b. Pou fanmiy w? _____

    c. Pou 'legliz ou?_____

    d. Pou peyi w?_____

2. Ki desizyon w ap pran apre klas la?

_____

3. Ki konsèy ou ta bay Lekòl dimanch la :

_____

4. Kesyon pèsonèl :

    a. Ki jan de kontribisyon mwen te kap pote nan Legliz la?_____

    b. Ki jefò mwen fè pou m amelyore kondisyon 'l _____

    c. Si Jezi vini kounyeya, eske mwen pral fyè de travay mwen?

Dife Anjandre a

Dife 18 - Seri 4

Jezi, mwen menm ak lajan mwen

Avangou

Aleksann Dimas ekri yon liv li rele : « La Dame aux
Camélias ».: « Lajan se yon bon sèvitè men li se yon
move mèt tou. » Eske w vle lib ou byen wap rete esklav
li? Sa depan de ki moun ki bay ou 'l, nan ki kondisyon
ou genyen l, ki sa w vle fè avè 'l e ki eta kè w lè ou
genyen l nan men w. Se ou menm ki konnen sa wap fè.

Pastè Renaut Pierre-Louis

Leson 1
Zafè renmen bay, se nan kè sa soti

Vèsè pou prepare leson an : Mat. 5 :7 ; 6 :21 ; 25 :
40 ; Lu. 6 :30-38 ; 10 : 35-37 ; Jan.3 :16 ; 10 : 9-10, 28 ;
Rom.5 :1 ; 14 :17 ; 1Ko.15 :57 ; Fil.3 : 7-8 ; Jak.1 :17
Vèsè pou 'li nan klas la : Lik 6 :30-38
Vèsè pou resite : Bay, Bondye va ban nou. La lage yon
bon mezi, byen souke, byen foule, ak tout tiyon l', nan
pòch rad nou. Mezi nou sèvi pou mezire lòt yo, se li
menm Bondye va pran pou mezure nou tou.. Lik.6 : 38
Fason pou fè leson an : Diskou, konparezon, kesyon
Bi leson an : Montre ke pou yon moun renmen bay,
se nan kè moun nan ki bon sa soti.

Pou komanse
Si sa **bouch di** se nan kè li soti, sa **men bay** se nan kè
li ta dwe soti . Kote sa soti ?

I. Renmen bay soti nan Bondye
Nap fè tankou Bondye ki bay paske li renmen.
Jan.3 :16 ; Lik.10 :37
Li bay jis li fè eksè, li fè sakrifis.
1. Ou bay pwochen w pou w fè Bondye plezi, san
w pa bezwen èspere anyen de moun ou bay la.
Lik.6 :35
2. Plis ou apresye Sali w la nan Kris, plis ou dispoze
sèvi Bondye toupatou, nan pwochen w ak nan
Legliz. Mat.25 : 40

II. Renmen bay la soti nan rekonesans nou gen pou sa Bondye fè pou nou.
1. Bondye bay nou tout bagay ki pi bon yo. Yo
soti nan Jezikri. Jak.1 :17

An nou di kèk nan yo
a. Lapè etènèl ak Bondye. Ròm. 5 :1
b. Jwa etènèl gras a Sentèspri a. Ròm.14 :17
c. Sali etènèl nan Kris la. Jan.10 :28
d. Viktwa sou lanmò ak sou pisans peche a. 1Ko.15 :57

2. Se sa ki fè nou temwaye nan bouch nou
a. Pou nou di tout moun ke Kris se li menm ki bay nou la vi a. Rom.10 :9-10
b. Nou temwaye dibyen li fè pou nou devan lòt moun, pou yo ankouraje chèche Bondye ki bay nou tout bagay an abondans. Jan.10 :10

III. Renmen bay la soti nan fason nou meprize byen anwo la tè.

1. Nou gade yo tankou labou paske nou jwen nan Kris sa ki pi bon an. Fil.3 : 7-8
2. Trezò nou se nan syèl li ye. Kè nou se pou syèl li ye. Mat. 6 :21 ; Kol. 3 :1

Pou fini

Bondye gen kè sansib pou moun ki gen kè sansib pou ede lòt moun ki nan bezwen. Bat pou w gen kè w sansib men pou w ede lòt moun. Mat.5 :7

Kesyon

1. Ki sa gen bon kè a ye ? Se yon anvi fè moun byen

2. Kote sa soti ?
   a. Nan Bondye.
   b. Nan rekonesans nou gen pou sa Bondye fè pou nou.
   c. Nan pa bay twòp enpotans a byen de la tè

3. Ki jan Bondye montre li gen kè l kase pou nou?
   Li renmen nou jouk tan li sakrifye Jezi pou nou.

4. Ki jan pou nou montre nou gen menm kase saa ?
   Nan sèvis nap rann pwochen nou san èspere anyen nan men yo

5. Di nou omwen twa dibyen Bondye fè nou:
   Li bay nou lapè, jwa, sekirite, tout gratis.

6. Ki sa l'ap tann de nou ?
   1. Nou dwe temwaye ke Kris se li menm sèl ki sovè nou.
   2. Nou dwe mache di tout moun sa li fè pou nou.

Leson 2
Fè moun dibyen se yon fason pou konbat amou pou byen materyèl

Vèsè pou prepare leson an : Lik.12 :19-21 ; 16 :24 ;
1Ti. 4 :10 ; 6 :6-19 ; Jak.1 :10 ;
Texte pour la classe : 1Ti.6 : 17-19
Vèsè pou resite : Nou pa t'pote anyen lè nou te vin sou latè. Pa gen anyen nou ka pote ale non plis lè n'a kite li.1Ti.6 :7
Fason pou fè leson an : Diskou, konparezon, kesyon
Bi leson an : Montre ki jan nou dwe gen sajès nan fason nap sèvi ak byen materyèl nou yo.

Pou komanse
Yonn nan pi gwo maladi moun rich genyen se pè yo pè pou yo pa vinn pòv. Pou evite sa, gen nan yo ki pase tout vi yo ap fè lajan nan tout fason. Eske yon moun ta dwe adore lajan pou w kapab jwenn bonè ? Ki jan pou n fè moun rich yo konnen se pa sa ?

I. An nou koute sa Bib la di :
1. Konsa tou, yon frè ki rich dwe montre jan l' kontan tou lè Bondye rabese l. Paske, moun ki rich gen pou pase tankou flè zèb. Jak.1 :10
2. Yo pa dwe mete konfyans yo nan richès ki p ap dire. 1Ti.6 :6-7
3. Se pou yo mete lespwa yo pito nan Bondye vivan an. 1Ti. 4 :10 ;
4. Se pou yo mache fè dibyen, pou yo pa chich ak moun. 1Ti.6 : 18

II. Pouki egzotasyon sa yo ?

1. Se paske lè yon moun gen lajan se yon privilèj li ye. Ou kabap posede tout sa lajan ka achte Lik.12 : 19a

2. Men, se yon reskonsablite li ye tou :

   a. Tout sa ou genyen an plis, se yon mesaj Bondye voye bay ou, pou w pataje ak moun ki pa genyen. Lik. 12 :21

   b. Bondye mande moun rich yo pou yo fè anpil byen, pou yo ka rich devan Bondye. Piga yo chich. Se pou yo toujou pare pou separe sa yo genyen an ak lòt moun. Konsa, y'a anpilye yon bon trezò byen solid pou pita, y'a resevwa lavi tout bon an. 1Ti. 6 : 18-19

   c. Menm Bondye ki bay ou richès jodia kapab wete yo nan men w nan mwens ke venn katrè. Lik. 12 : 19-20

   d. Lè nou kite la tè, vi Laza te pi miyò pase vi nonm rich la. Lik.16 : 24

Pou fini

Sonje ke tout byen lòm genyen sou tè saa, li gen sèlman dwa pou 'l jwi yo. Bondye sèl ki gen dwa defèt yo. An nou bat pou nou saj nan fason nap jere byen nou yo.

Kesyon

1. Ki gwo maladi moun rich yo konn soufri ?
   Yo pè pou yo pa vinn pòv.

2. Ki preskripsyon Bib la gen pou moun rich yo?
   a. Pou yo pa gonfle lestomak pou sa yo posede
   b. Pou yo pa mete tout konfyans yo nan richès.
   c. Pou yo mete espwa yo nan Bondye vivan an
   d. Pou yo aprann fè don a lòt moun.

3. Pouki preskripsyon sa yo?
   a. Paske kant yon moun ou rich se yon privilèj sa ye
   b. Se yon reskonsablite tou
   c. Ou dwe aprann pataje ak moun ki pa genyen.
   d. Yo dwe konnen ke Bondye ki bay ou richès jodia kap retire 'l nan men yo nan mwens ke vennkatrè.
   e. Yo dwe konnen ke destine nou diferan yon minit apre lanmò.

4. Ki moun ki vrèman mèt byen de la tè yo ? Bondye sèl

5. Ki jan de dwa nou genyen ? Pou nou jwi yo sèlman

Leson 3
Sekrè moun ki pa chich yo

Vèsè pou prepare leson an : Eza.53 : 3-4 ; Lik. 2 : 7-15 ; 5 :3 ; 19 :29-31 ; 22 : 7-13 ; Jan. 1 :29 ; 6 : 7; 14 :30 ; 19 :38-42 ; Tra.1 :11 ; 1Ti.6 :6-10
Vèsè pou 'li nan klas la : 1Ti.6 :6-10
Vèsè pou resite : Men, moun ki vle vin rich, yo tonbe nan tantasyon. Yo kite yon bann move lanvi san sans pran yo nan pèlen. Se lanvi sa yo k'ap fè moun pèdi tou sa yo genyen, k'ap fini nèt ak yo. 1Ti. 6 : 9
Fason pou fè leson an : Diskou, konparezon, kesyon
Bi leson an : Fè lòt moun pwofite de move èksperyans nou fè nan vi nou.

Pou komanse
Gen moun ou wè ki renmen bay, se paske yo te pase anpil soufrans nan vi yo. Ki sa yo te aprann ?

I. Yo aprann kontwole tèt yo nan depans
1. Yo viv dapre mwayen yo.
2. Yo konprann sa sa vle di manke sa w bezwen.
3. Yo konn evite fè eksè. 1Ti. 6 : 6-10

II. An nou pran egzanp sou Jezi
1. Nou wè, Jezi li te fèt nan yon pak zannimo. Li pat pèdi onè li pou sa. Li te toujou rele Pitit Bondye. Lik .2 : 12
2. Menm si li te imilye tèt li, Anj yo nan syèl te blije desann pou bay li glwa. Lik.2 :13-15
3. Li pa goumen pou posede anyen sou tè saa.
   a. Pou bèso, yo prete 'l yon krèch. Lik.2 :7

b. Pou bay plis ke senk mil moun manje, yo prete 'l senk pen ak 2 pwason. Jan.6 : 7

c. Pou 'l fè yon tribin pou 'l preche, yo prete 'l yon kannòt. Lik.5 :3

d. Pou yon roulib li bezwen pou 'l patisipe nan fèt Jerizalèm nan, yo prete' l yon ti bourik. Lik.19 : 29-31

e. Pou 'li fè la sent sèn pou premye fwaa, yo prete' l yon chanm. Lik.22 :7-13

f. Lè pou 'l tere, yo prete l yon kavo. Jan.19 :38-42

Sa pa anpeche li wa sou tout wa, Senyè sou tout senyè, e li Sove lemonn. Jan.1 :29

III. Moun ki renmen bay gen kè sansib

1. Yo pa fè okenn èkstravagans ki ta kòz yo fè fayit ou fè move zafè. 1Ti.6 : 9

2. Konsa yo konprann yon moun lè yo imilye w. Jezi bay nou egzanp la deja. Eza.53 :3-4

   a. Li te yon egzanp de moun ki sen. Jan.14 :30

   b. Li monte nan syèl la ak menm kò yo te bat la. Se ak li l'ap sèvi kounyeya tankou yon tablo kominikasyon pou 'li fè kontak ak moun kap soufri yo. Tra.1 :11

Pou fini

Vini jodia jwen ak Jezi, li menm ki konn sa soufrans ak mankman ye. Li va bay ou bon richès la.

Kesyon

1. Ki sa soufrans ye pou kèk moun? Yon Lekòl nan la vi a pou yo aprann

2. Pouki sa ?
   a. Yo viv dapre mwayen yo
   b. Yo konpran sa sa vle di manke sa w bezwen
   c. Yo konn evite fè eksè

3. Eksplike : Yo evite fè depans initil

4. Ki egzanp konsa nou jwen nan Jezi?
   a. Li fèt nan yon pak zannimo. Sa pa anpeche yo rele l pitit Bondye pou sa
   b. Li pa te posede anyen sou tè saa

Leson 4
Pou w bay se pou w gen lafwa

Vèsè pou prepare leson an : Sòm.24 :1 ; Pwo.11 :25 ; Mal.3 : 10 ; Mat.22 :21 ; Lik.12 :20 ; 17 :10 ; Tra.20 :35
Vèsè pou 'li nan klas la : Mal.3 : 7-12
Vèsè pou resite : Lè ou bay ak kè kontan, ou p'ap janm manke anyen. Lè ou manje ak moun, ou pa janm rete grangou.Pwo..11 :25
Fason pou fè leson an : Diskou, konparezon, kesyon
Bi leson an : Ogmante fwa moun ki abitye bay

Pou komanse
Zafe « Bay la» se yon gwo vèti li ye. Ou pa sipoze fè' l dapre rezonman w, men dapre lòd Bondye pase w.

I. Bondye mande w pou w bay :
Li di se pou nou pote nan Tanp la yon **posyo**n nan sa li te bay nou.. Tanp la se Bank li. Mal.3 :10 a
1. Letènèl bezwen lajan pou nouri moun ki fè sèvis nan tanp la. Li bezwen lajan pou okipe administrasyon l. Mal. 3: 10b
2. Se pa Leta ki la pou peye depans Legliz la. Jezikri te di : Bay Leta sa ki pou 'leta, bay Bondye sa ki pou Bondye. Mat.22 :21

II. Fòk ou gen lafwa pou w bay. Map di w pouki
1. Lè Bondye bay nou lòd pou nou bay, se yon egzamen l'ap pase nou. Evite tout neglijans, fo rezonnman sou dim ak ofrann e pa pran kòb li pou w mete 'l nan asosyasyon w ni nan biznis ou. Mal.3 : 10
   a. Bondye pa dwe w paske ou peye 'l. Lik. 17 :10

b. Poutan li pwomèt pou 'l apresye jès ou a. Li di : « L'ap vide benediksyon sou w tankou lapli » Pwo. 11 :25 ; Mal.3 :10d

c. Fòk ou blije tann paske li di « Wa gen pou w wè benediksyon yo ». Erèzman, Bondye pa konn manke moun pawòl. Mal.3 :10

2. « Ou atire benediksyon sou w, lè w bay. Tra.20 :35

   a. Lè w fin bay ou santi w byen. Ou vinn pi renmen pwochen w. Tra.20 :35

   b. Li kreye yon pi bon relasyon ant ou menm jeran ak Bondye ki mèt tout bagay. Sòm.24 :1

   c. Konsa, tanpri pa aji tankou moun sòt nan zafè kontribye a. Lik12 : 20

Pou fini

Bondye vle fè yon negòs avè w, tanpri asepte e pa eseye fè koken avè 'l. Sonje li te di, « lè ou manje ak moun, ou pap janm rete grangou. Pwo.11 :25

Kesyon

1. Pouki sa nou di ke bay se yon pi gran vèti
   kretyen?
   Paske w fè 'l dapre lòd Bondye pase w.

2. Ki kote pou w vèse sa ki pou Bondye a ?
   Nan kay Letènèl.

3. Pouki sa ?
   Li bezwen lajan pou nouri anplwaye yo e peye
   administraksyon an.

4. Ki sa 'l pwomèt nou pou sa ?
   Benediksyon an abondans

5. Ki jan nou santi nou lè nou fin bay ?
   a. Nou santi nou byen
   b. Nou gen bon santiman pou pwochen nou

Leson 5
Ki sa ki pouse yon moun bay

Vèsè pou prepare leson an : Egz. 11 : 2-3 ; 12 : 35-36 ; 25 :1-2,8 ; 35 : 4-5,10, 21-22, 29-35 ; 36 : 3-7

Vèsè pou 'li nan klas la : Ez.36 :1-7

Vèsè pou resite : Sa yo te pote deja a te menm twòp pou travay ki te gen pou fèt la.. Egz.36 :7

Fason pou fè leson an : Diskou, konparezon, kesyon

Bi leson an : Montre ki jan kretyen ka contribye kan yo konsakre vi yo a Bondye.

Pou komanse
Byen souvan, gen moun ki pa souke kò yo menm , kan yo tande pale de kontribye. Ki jan pou w fè yo mache ?

I. Fòk ou ta vini ak yon pwojè ki enterese yo
Moun nan tan Moyiz yo te kontribye twòp pou konstriksyon Tabernak la. Egz.36 :3-7

   a.   Paske yo te swaf prezans Letènèl nan mitan yo.

   b.   Paske vi yo te konsakre a Letènèl.
       Egz.35 : 4-5, 10 ; 21-22,

   c.   Paske yo te kwè ke kontribisyon yo a, se te pou yon bagay serye. Egz. 25 :1-2, 8

   d.   Paske Bondye konnen davans konbyen kòb chap moun te genyen ki sere mete la. Egz.35 :5 Bondye te mande yo, lè yap kite Lejip, pou yo te depouye Ejipsyen yo. Konsa li konnen byen sa chak moun posede. Egz.11 :2-3 ; 12 :35-36

II. Fòk pwojè a ka soti nan Bondye menm.
Nan yon reyinyon dafè, Moyiz di asanble a ki sa Letènèl deside. Egz.35 :4

1. Moun ki gen bon kè, yo dwe bay bagay ki gen valè pou konstriksyon tabènak la. Egz.35 : 5
2. Se sèlman ouvriye kalifye e ki gen Sentespri sou yo ki gen dwa mete men nan travay la.
   Egz.35 : 10,30- 31,35
3. Yo te asepte tout ofrann volontè yo. Egz.35 : 29

III. E ki rezilta sa te genyen ?

Bondye te pran anpil glwa. Egz.36 :3-7

1. Chak maten, Moyiz te resevwa ofrann pèp la Egz.36 : 3
2. Ouvriye yo te fatige a kòz twòp materio moun yo te pote. Yo blije kriye nan pye Moyiz pou mande l pou fè moun yo sispann kontribye. Egz.36 : 6-7

Pou fini

Sonje pèp la tap viv nan yon Dezè kant yo te kontribye konsa. Ki pretèks ou menm ou ta kap bay pou w pa kontribye? Bondye ap gade nou. An nou ranje sa.

Kesyon

1. Ki sa ki konn fè kèk moun kontribye ?
   a. Fòk ou ta vini ak yon pwojè ki enterese yo
   b. Fòk pwojè a ka soti nan Bondye menm.

2. Ki jan pou n konnen ke pwojè a soti nan
   Bondye ?
   Paske Bondye odonen l konsa
   a. Moun yo dwe kontribye gwo lajan pou konstri
      tabènak la
   b. Ouvriye yo dwe kalifye e santifye.
   c. Yo gen dwa bay tou ofrann volontè.

3. Ki jan e pouki moun nan tan Moyiz la te
   kontribye konsa?
   Yo te bay twòp lajan pou konstri tabènak la
   a. Paske yo kwè ke yap kontribye pou yon
      bagay serye
   b. Bondye te konnen tou konbyen chak moun
      genyen e ki sa l'ap tann de chak moun.

4. Ki sa ki te pase alafen ?
   a. Bondye te glorifye
   b. Pèp la kontribye chak jou
   c. Moyiz te oblije mande moun yo pou yo
      sispann kontribye.

5. Ki kote pèp la te ye nan lè saa? Nan Dezè a

Leson 6
Ki sa ki pouse yon moun bay (rès la)

Vèsè pou prepare leson an : Mat. 25 : 31-44 ; Tra.4 : 34-37 ; 5 : 1-10 ; 1Ko.16 :2 ; 2Ko.9 :7 ; Ti.3 :14
Vèsè pou 'li nan klas la : 2Ko.9 :6-14
Vèsè pou resite : Bondye menm gen pouvwa pou 'l' ban nou tout kalite benediksyon an kantite. Li fè sa, pa sèlman pou nou ka toujou genyen tou sa nou bezwen, men pou nou ka gen rès ki rete pou n' fè tout kalite bon zèv. 2Ko.9 :8
Fason pou fè leson an : Diskou, konparezon, kesyon
Bi leson an : Ede kretyen yo fè egzèsis aprann bay

Pou komanse
Zafè bay la se yon bagay nòmal chak moun fè nan jan yo vle. An nou gade byen :

I. Gen moun ki bay kan w vini ak pwojè tou cho
   1. Premye kretyen yo te vann tout byen yo pou pote kòb la bay apòt yo pou separe bay lòt moun.
      Yo te fè sa paske yo te kwè ke Jezi tap tounen tou swit. Tra.4 :34-35
   2. Premye moun ki te fè sa, se te Banabas, yon levit ki te rete nan zile Chip : Li vann yon jaden 'l te genyen, li pote tout kòb la bay apòt yo pou mache travay misyonè. Tra 4 : 36-37

II. Gen moun tou ki bay pou fè grandizè
   Ananias ak madanm li Safira te vle fè tankou Banabas. Yo vann yon propyete yo te genyen, yo mache di yo pote tout kòb la bay apòt yo, men se pat vre. Ki peche yo te komèt la ?

a. Yo te bay sèlman pou fè pale de yo.
   Tra. 5 : 1-10
b. Yo pat konsekan ak sa ke yo te di yo tap bay la
   Tra.5 : 1-3
c. Yo bay apòt yo manti paske yo kwè moun pa
   kap dekouvri sa,. Konsa yap pran glwaa nèt ale.
   Poutan Sentèspri a di Pyè tout bagay. Pyè
   denonse ipokrisi ak gwo manti yo. Sentèspri a
   touye yo rèd tèt chèch. Tra.5 :4-5

III. Gen moun ki bay paske yo santi yo oblije

Yo fidèl nan dim yo ak ofrann yo e nan don pou
pòv yo. Mat. 25 : 31-44

1. Yo fidèl nan sa y'ap bay. 1Ko.16 : 2
2. Yo kalkile sa y'ap bay 2Ko.9 :7
3. Yo kontan lè yo bay. 2Ko.9 :7
4. Kan gen yon ka ijan nan legliz yo bay ankò.
   Ti.3 : 14b

Pou fini

Chèche pran labitid bay, se pa nan fè kalkil men paske
se yon devwa e se yon jès damou. L'ap pote fri kan
menm. Ou pap janm ka fidèl tankou Bondye nan zafè
kenbe pwomès yo. Sa m di w la, mwen pran Jezikri pou
temwen.

Kesyon

1. Pouki sa gen moun ki bay an jeneral ?
   Yo bay paske yo gen obligasyon ou byen paske yo
   gen motivation ou byen pou fè pale de yo

2. Pouki sa premye kretyen yo te vann byen yo pou fè
   moun kado?
   Yo te kwè ke Kris tap tounen tout swit.

3. Ki sa nou repwoche Ananias ak Safira ?
   a. Yo te bay pou fè pale de yo.
   b. Yo te bay apòt yo manti

4. Ki pi bon fason pou yon moun ta kontribye
   a. Kant ou bay ak kè kontan, ou fidèl, ou kalkile
      sa w 'ap bay e w toujou bay si gen yon ka ijan
   b. Kant ou bay paske se devwa w, paske ou gen
      lanmou

5. Ki sa ou ka espere ?
   a. Bondye ap beni w an abondans
   b. Ou gen yon gran jwa lè ou fin kontribye.

Leson 7
Bay dapre yon pwensip

Vèsè pou prepare leson an : No.7 :2 , 12, 84 ; 31 : 1-4, 28-29, 47-52 ; 1Ko.10 :8 ; Rev.5 :5
Vèsè pou 'li nan klas la : No.7 :2, 12, 84 ; 31 : 1-4
Vèsè pou resite : Se pou chak moun bay jan yo te deside nan kè yo, san yo pa règrèt anyen, san moun pa bezwen fòse yo, paske Bondye renmen moun ki bay ak kè kontan. 2Ko.9 :7
Fason pou fè leson an : Diskou, konparezon, kesyon
Bi leson an : Aprann a kretyen yo, sitou lidè yo, pou yo bay ofrann èspesyal nan okazyon èspesyal.

Pou komanse
Kan Letènèl deside pou 'l resevwa don nan men nou, li di ki jan pou nou prezante yo.

I. Gade ki jan sa te fèt nan fèt Tabènak la :
Nan gwo Dezè Sinayi a, Letènèl dikte Moyiz ki jan pou chak nan douz tribi Izrayèl la prezante ofrann yo.
  1. Chef tribi ap mennen sis cha (sis limouzine) e douz bèf pou 'letènèl . No. 7 : 3
    a. Yo gen pou pote tou : douz plat ak douz kivèt an ajan ak douz koup annò. No.7 : 84
    b. Ofrann sa yo dwe pou yo tout menm jan. No.7: 18,30,36,42, 48,54,60
    c. Chak moun gen jou pa l pou pote yo. Jida (yon mo ki vle di lwanj) dwe vini anpremye. No.7 : 12 ; Rev. 5 :5

144

II. Gade ki jan sa te fè apre batay Letènèl kont madianit yo

1. Letènèl kanpe devan Izrayèl pou 'l batay kont madianit yo. Moun li te pi bezwen kase bouch li menm, se te Bòkò yo te rele Balaram nan, paske li te lakòz 23,000 jwif mouri nan prostitisyon ak fanm madianite yo.
No.31 :1-3 ; 1Ko.10 :8

2. Moyiz enwôle 1000 solda nan chak tribi: Puiske sa Balaram te fè a te frape tout pèp Izrayèl la, fòk chak tribi yo bay menm kantite moun pou al konbat, kèlke swa kantite moun ke tribi yo te genyen. No.31 :4

3. Lè batay la fini, nou wè Letènèl kale madianit yo a zero:
   a. Izrayèl pa pèdi yon sòlda. No.31 : 49
   b. Poutèt sa Letènèl mande pou chak komandan lame yo pote bagay an nò bay Li pou rekonesans akòz viktwa saa.
   No.31 : 51-52
   c. Puiske sa yo te pran sou lènmi an te tèlman anpil, moun pat kap konte 'l, Letènèl deside ke yo bay posyon pal la a sakrifkatè a.
   No.31 :28-29, 47

Pou fini

Kan se Letènèl kap mennen batay ou, sonje pou w onèt pou bay li sa ki revyen a li menm nan pwofi w yo. L'ap bon pou w. Ou mèt kwè m.

Kesyon

1. Ki jan de pwotokòl Letènèl te bay pou Dedikas Tabènak la nan dezè a?
   a. Chèf tribi yo dwe pote kontribisyon yo anpremye
   b. Yo gen pou pote tou : douz plat ak douz basin an ajan ak douz koup annò.
   c. Ofrann sa yo dwe pou yo tout menm jan.
   d. Chak moun gen jou pa 'l pou pote yo. Jida dwe vini anpremye.

2. Ki moun ki fè fòmasyon nan Izrayèl pou al konbat ak Madianit yo ? Letènèl.

3. Ki sa l te gen kont Balaram ?
   Balaram te fè Izrayèl pran maladi nan peche ak fanm jennès madianit yo.

4. Ki sa Letènèl te mande Izrayèl pou pati pal nan richès yo pran sou lènmi an apre lagè a ?
   a. Li mande pou chèf yo bay li bagay an nò.
   b. Yo va renmèt li a sakrifikatè a

5. Tire de (2) leson nan istwa saa
   a. Ak Bondye viktwa w total.
   b.Se pou nou fidèl a Letènèl lòske li fè bagay yo mache pou nou.

Leson 8
« Bay nan yon jan èstraodinè

Vèsè pou prepare leson an : 2Sam.6:14-22; 1Wa. 2:3-4; 9:25; 10: 23-24; 1Istwa.29: 1-16; 2Istwa.7:5; Lik.18: 39; Ef.3:20

Vèsè pou 'li nan klas la : 1Istwa.29 :10-17

Vèsè pou resite : Men, kisa m' ye, kisa pèp mwen an ye menm, pou m' ta kapab ofri ou tout bagay sa yo ak tout kè nou? Se nan men ou tout bagay sa yo soti, se nan sa nou resevwa nan men ou n'ap ba ou. 1Istwa.29 : 14

Fason pou fè leson an : Diskou, konparezon, kesyon

Bi leson an : Bay egzanp a moun Legliz yo pou yo bay Bondye ofrann èstraodinè.

Pou komanse
Si w ta vle fè yon sèvis lwanj èstraodinè, pito ou rele David pou 'l prezide l pou w.

I. Men sa w pral jwen
1. Li pral lwe Letènèl ak enstriman l nan yon fason èstraodinè. L'ap jwe twonpèt la ak yon kè kontan. 2Sam.6 :15
2. Li pral lwe Letènèl ak dans nan yon fason èstraodinè. Li pral danse ak tout fòs li devan Letènèl. Li kap lakòz menm madanm li meprize l pou sa. 2Sam. 6 : 14,16, 22
3. Li pral lwe Letènèl ak ofrann nan yon fason èstraodinè.1 Istwa.29 :2-4
4. Li pral fè tout sa ak yon imilite èstraodinè. 1Istwa.29 :10-16

II. Men egzanp li kite pou pitit li wa Salomon.

1. Li prepare teren pou 'li. 1Istwa.29 :1-5
2. Si w vle byen gade, Salomon fè fèt Remèsiman a Bondye twa fwa pou 'lanne a. 1Wa.9 :25
3. Ofrann Salomon, se bagay ou pa kap menm imajinen, jan li anpil. Nan dedikas Tanp Jerisalem tan sèlman, li sakrifye 22,000 tèt bèf, 120,000 mouton. 2Istwa.7 :5

III. Ki sa nou wè apre sa ?

a. Bondye béni David e li fè se pitit li Salomon ki ranplase l apre tout viktwa li te konnen yo.
b. Li mouri trankil nan kabann li. 1Wa.2 :3-4
c. Salomon te gen yon wayòm , yon sajès ak richès pèsonn moun sou la tè pat janmen genyen. 1Wa.10 :23-24
d. David te vin yon zansèt Jezikri. Lik.18 :39

IV. Ki sa nou pa janm bliye

Kantite ofrann nou an pa fè Letènèl sezi. Li gade pito ak ki kè ou te bay. 1Sam.16 : 7 ; Mk.12 :41

Pou fini

Si wap leve non Bondye byen wo, li pral beni w pi plis ke sa ou te kap mande ou byen imajinen. Bat pou w entelijan. Ef.3 :20

Kesyon

1. Ki bagay David te bon tout bon ladan? Louanj pou 'letènèl

2. Ki jan li te lwe Letènèl ?
   a. Ak enstriman mizik , ak dans.
   b. Ak ofrann èstraodinè.
   c. Ak imilite èstraodinè.

3. Ki jan li pase egzanp la nan fanmiy li ?
   Li prepare teren pou pitit li Salomon.

4. Bay nou 2 egzanp
   a. Salomon fè fèt remèsiman à Letènèl twa fwa chak ane
   b. Kantite ofrann nan depase tout sa yon moun te kap imajinen.

5. Ki jan Bondye béni David ?
   a. Li kite pouvwa byen tankil e se pitit li Salomon ki ranplase l.
   b. Salomon te gen yon wayòm ak pouvwa, sajès ki pat genyen konparezon.
   c. David patisipe nan ras a zansèt Jezikri

Leson 9
Ou bay don w e ou bay tèt ou tou

Vèsè pou prepare leson an : Jen.4 :5-8 ; Mat.25 :41-43 ; 2Ko.8 : 2-5 ; 9 : 6-8 ; Ef.3 :20

Vèsè pou 'li nan klas la : 2Ko.8 :1-6

Vèsè pou resite : Sa depase sa nou te kwè a anpil: yo ofri tèt yo bay Seyè a anvan. Apre sa, yo ofri tèt yo ban nou jan Bondye vle l' la. 2Ko.8 :5

Fason pou fè leson an : Diskou, konparezon, kesyon

Bi leson an : Aprann kretyen yo ki jan pou yo genyen yon konsekrasyon total.

Pou komanse se la mwem rive
Fason ou bay la vo plis pase sa w bay la. Se nòmal paske fason ou bay la soti nan kè w, tandiske sa ou bay la se men w ki lonje l bay moun nan. An nou gade sa :

I. Kayen bay ofrann men li pa bay kè l. Jen.4 : 5
1. Bondye refize ofrann li an.
2. Lè l touye frè li Abèl, se lè sa tout moun wè sa ki te nan kè l. Jen.4 :8

II. Kretyen Masedwan yo bay ofrann yo ak tèt yo tou. Yo bay ak tout kè yo selon mwayen yo e yo menm fè eksè. 2Ko.8 :3
1. Yo soupriye Pòl pou resevwa don y ap voye pou pòv yo nan vil Jerisalèm. 2Ko.8 : 4
2. Koman eksplike sa ?
   a. Yo bay kè yo dabò a Senyè a. 2Ko.8 : 5
   b. Yo ofri sèvis yo a apòt yo. 2Ko.8 :5
   c. Yo bay yon ofrann ki pa piti.

3. Eske nou konnen ki lè yo kontribye konsa ?
   a. Se te pandan yo te nan gwo afliksyon. 2Ko.8 :2
   b. Kant yo tap viv nan yon gwo povrete. 2Ko.8 :2

III. Ki sa ou kap èspere de Bondye apre sa ?
   1. Bondye ap fè biznis ou mache byen jan w pa ta kwè a. 2Ko.9 : 6 ; Ef.3 :20
   2. Ou pap gen kote ase pou w mete benediksyon. 2Ko.9 :8
      a. L'ap bay ou tout sa w bezwen. 2Ko.9 : 8
      b. L'ap bay ou an abondans pou w fè tout sa ki byen. 2Ko.9 :8
      c. Zafè bay la vin yon routin lakay w.

Pou fini
Si ou pè kontribye, se pou w pè beni tou. Gen yon jou kap vini, kote Senyè a pra 'l distribye rekonpans yo. Atensyon pou 'lè saa li pa mete w sou kotè gòch la, kote moun ki pra'l nan lanfè yo. Sa va fè m la penn pou w. Mat.25 : 41-43

Kesyon

1. Ki jan ou dwe wè yon don ou fè a yon moun.
   Li ta dwe yon fason pou w apresye moun ou fè don an
2. Ki jan Kayen te bay ? Li bay ak men 'l men li pat bay ak kè 'l.

3. Ki jan nou fè wè sa ?
   a. Bondye pat dakò ak ofrann li an
   b. Tout moun ka wè sa nan jan li touye frè 'l Abèl.

4. Ki jan kretyen Masedwan yo te kontribye ?

   a. Yo bay plis ke sa yo posede.

   b. Yo soupriye apòt yo pou resevwa don yo pou pòv nan Jerizalèm.

5. Kote bon kè sa a soti ?

   a. Yo te bay vi yo dabò a Senyè a.

   b. Answit yo ofri sèvis yo a apòt yo

6. Nan ki moman yo te kontribye konsa ?

   a. Se pandan yo te nan gwo afliksyon.

   b. Kant yo t ap viv nan yon gwo mizè.

7. Ki sa ou kap èspere de Bondye apre sa ?

   a. Bondye ap fè biznis ou mache byen jan w pa ta kwè a.

   b. Ou pap gen kote ase pou w mete benediksyon

   c. L'ap bay ou tout sa w bezwen.

   d. L'ap bay ou an abondans pou w fè tout sa ki byen.

Leson 10
Fèt remèsiman a Bondye

Vèsè pou prepare leson an : Jen.1 : 29-30 ; Job. 38 :
1-38 ; Sòm.24 :1-10 ; 29 :1-11 ; 46 : 11 ; Ez. 47 :12 ; ;
Jan.3 :16 ; 8 :36 ; Tra.7 :30 ; Rom.8 : 1, 15-17, 29 ;
Ef. 3 :20 ; Ebre.2 :11 ; 1Jan.3 :2 ; 5 :19
Vèsè pou 'li nan klas la : Sòm.29 :1-11
Vèsè pou resite : Fè lwanj non Seyè ki gen pouvwa a!
Adore Seyè a nan bèl kay ki apa pou 'li a! Sòm.29 :2
Fason pou fè leson an : Diskou, konparezon, kesyon
Bi leson an : Montre ke se pa Ameriken ki montre nou
fèt remèsiman.

Pou komanse
Zafè fèt Remèsiman an ta dwe yon obligasyon pou tou
moun kap adore Bondye tout bon vre. Bondye menm
mande sa, e li gen rezon l pou sa.

I. Premyèman, pou selebre bonte '1 tankou li se Papa tout moun
1. Li prevwa manje, lè pou respire, dlo tout patou
    pou tout moun, ke w bon, ke ou mechan
    Jen. 1 : 29-30 ; Ef.3 :20
2. Li prevwa fèy pou remèd lè nou malad.
    Li pat janmen di bòkò yo ke li bay yo dwa pou
    itilize fèy yo pou fè majik. Ez.47 :12
3. Li prevwa Sali a pou tout moun, toupatou.
    Tra.7 :30

II. Dezyèmman, pou raple nou ke se li ki mèt e Senyè a
Li di : Rete la ! pran sans ou, konnen se mwen ki
Bondye. Se mwen ki mèt, souvren nan linivè.

Job. Chapit 38 : 4 ; Sòm.46 :11
1. Se li ki fè nou. Sòm.24 :1-2
2. Li menm se wa de glwa a. L'ap viv nan laglwa.
   Sòm.24 :10

III. Twazyèmman, paske li adòpte nou tankou pitit

1. Jezi se sèl pitit Papa a. Jan.3 :16
2. Li te vini, se pou 'l te rekonsilye nou ak Papa' l e pou 'li asepte nou tankou frè 'l. Rom.8 :15-17
3. Kounyeya li menm se premye pitit pami yon kòlonn frè. Rom.8 :29
4. Li pa jennen pou 'l rele nou frè 'l. Ebre.2 :11b
5. Nou vin pitit Bondye gras a Jezikri. 1Jan.3 :2

IV. Katriyèmman, pou nou fete libète nou jwen nan li.

1. Jezi fè nou vin lib. Jan.8 :36
   Nou delivre anba pisans malen an e anba kondanasyon pou toutan an. Rom.8 :1 ; 1Jan.5 :19

Pou fini

An nou bay Bondye glwa pou non li ! An nou pote bèl ofrann nan prezans li. An nou adore l ak tou sa nou posede.

Kesyon

1. Pouki sa nou fè fèt remèsiman pou Bondye ? Se li menm ki mande nou sa

2. Bay twa rezon pou sa
   a. Pou selebre bonte l paske li se Papa tout moun
   b. Pou selebre libète nou jwen nan Kris.
   c. Pou selebre adopsyon nou ki vinn pitit Bondye

3. Ki sa Providans Bondye vle di ?
   Li pa gen pati pri. Li voye soley ak la pli sou tou moun, ke w bon ke w mechan

4. Pouki sa nou rele l souvren ?
   a. Paske Li deside tout bagay limem menm.
   b. Li se Wa de Glwa

5. Ki privilèj li bay nou ?
   a. Nou se pitit tankou Jezikri.
   b. Nou gen menm privilèj ak Kris

6. Ki jan nou kap pale de libète nou? Nou delivre anba malen a, anba kondanasyon etènèl

Leson 11
Fèt la Bib

Vèsè pou prepare leson an : Jen.1 :1, 26 ; Sòm.19 :1 ; 100 :3 ; Jan. 3 :36 ; 5 :39-40 ; 14 :6 ; Tra.17 :30-31 ; Rom.1 :20 ; Ja.2 :19 ; Rev.21 : 6

Vèsè pou 'li nan klas la : Sòm.19 :1-11

Vèsè pou resite : Pawòl ou se yon chandèl ki fè m' wè kote m'ap mete pye m', se yon limyè k'ap klere chemen mwen.. Sòm.119 :105

Fason pou fè leson an : Diskou, konparezon, kesyon

Bi leson an : Bay Bondye Glwa pou Pawòl li ki soti nan syèl

Pou komanse

Si gen kèk lidè relijye ki di ke Bib la pa alamòd, se pou yo konnen depi kounyeya :

I. Bib la pa soti nan teknoloji

1. Pa gen yon envansyon lòm fè ki kap mennen nou nan syèl. Tout sa nou wè ak zye nou yo pral disparèt. Jen.3 :19

2. Poutan, lòm genyen yon nanm ki pou sove. Li dwe konnen pou 'l chwazi Jezikri paske se li sèl ki chemen pou mennen 'l nan lavi pou toutan an. Dèven pal, teknoloji pa kapab montre l wout la. Jan.14 :6

II. Lòm pa kapab envante Bondye.

1. Nou konnen Bondye sèlman gras a revelasyon :
   a. Nan nati a. Sòm.19 : 1 ; Rom.1 :20
   b. Nan konsyans nou. Jak.2 :19
   c. Nan Bib la. Jan.5 :39-40
   d. Nan Jezikri. Jan.14 :6

2. Lòm ka wè, apresye, itilize zèv Bondye. Li kap envante, men se Bondye sèl ki kreyatè.
   a. Bondye fè tout bagay. Tout soti nan li menm. Kol.1 :16
   b. Lòm kreye pou 'li dekouvri sa Bondye fè, pou 'li kap adapte yo a bezwen l. Sòm. 100 : 3
   c. Bondye se Bondye. Li se reyalite a. Lòm se fotokopi a. Jen. 1 : 26

III. Ni syèl , ni lanfè toulede egziste

1. Se Bondye ki kreye monn saa. Jen.1 :1
2. Se li ki gen dwa disparèt li paske se li ki komansman e fen an tou. Rev.21 :6
3. Lòm dwe asepte ke se Bondye sèl ki souvren. Jan. 3 :36
4. Li mete yon dat pou 'l jije tout rebèl yo. Tra.17 :30-31

   Nou jwen tout sa nan Bib la

Pou fini

Tan an ap pase vit. Mache prese ! Prepare w pou w rankontre Bondye ke w genyen yon Bib, ke w pa genyen l .

Kesyon

1. Ki sa nou dwe reponn a moun kap kritike Bib la ?
   a. Sali nanm nou pa soti nan teknoloji
   b. Lòm pa kap envante Bondye.
   c. Ni syèl, ni lanfè, toulede egziste

2. Ki sa kap rive a tè a ?
   Tout bagay pral disparèt

3. Jouk ki bò teknoloji a ka rive ?
   Yon sèl bagay nou konnen, li pa kap mennen
   pèsonn nan syèl

4. Ki kote nou kap dekouvri Bondye ?
   Nan nati a, nan konsyans nou, nan Bib la ak nan
   Jezikri.

5. Ki sa nou dwe konnen sou yon vi apre lanmò ?
   a. Bondye se li ki komansman ak lafen.
   b. Li mete yon tan pou jije e pini moun yo ki pat
      konvèti a.

6. Bay bon repons la :
   a. Bib la pa alamòd. Pito yon moun kwè nan
      syans
   b. Bib la se lòm ki fè l ; nenpòt moun te kap ekri
      l.
   c. Bib gen pawòl Bondye ladan.
   d. Bib la se Pawòl Bondye.

Leson 12
Ki sa Nowèl la vle di nan Sali nou

Vèsè pou prepare leson an : Jan.3 :16 ; Rom.5 :8 ; 2Ti.2 :3-4 ; Ebre.1 :14 ; Rev.5 :1-7
Vèsè pou 'li nan klas la : Rev.5 :1-10
Vèsè pou resite : Lè sa a, yonn nan granmoun yo di mwen konsa: Pa kriye. Gade. Men lyon ki soti nan fanmi Jida a, pitit pitit David la, ki te genyen batay la. Li ka kase sèt sele yo pou 'louvri liv la. Rev.5 :5
Fason pou fè leson an : Diskou, konparezon, kesyon
Bi leson an : Rèstore lòm pou mete l nan kondisyon li te ye avan l te chite.

Pou komanse
Vini Kris sou tè a se yon demach pou rekonsilye lòm ak Bondye apre ke tout pitit Adan yo te pèdi.

I. Nowèl la se te komansman demach yo.
1. Pa kap genyen Golgota san Betleyèm, ni Kwa kalvè a san ti krèch kote Jezi te fèt la
2. Se nan Kris Bondye rekonsilye jistis li ak bonte li. Sa vle di li pini peche a, men li sove moun nan ki peche a. Se Jezikri ki peye pou nou. Rom.5 :8
   a. Se konsa lè w rive nan pak la nan Betleyèm, ou jwen yon echantiyon de tout pechè yo. Bèje yo ki reprezante klas mwayènn nan, Maj yo ki reprezante moun save yo ak moun rich yo.
   b. Pou nwa yo ke moun pa vle okipe a, Jezi ale li menm al rekonsilye ak yo Anejip. Mat.2 :13-15

II. Vini Kris la chanje istwa monn nan.

1. Li te vini nan lane 4 avan Jezikri. Depi jou sa, yo pa konte ane 3,2,1 ankò. Nouvo kalandriye a komanse ak Kris nan Ane 1 (ane Senyè a)

2. Pou premyè fwa Syèl la pral gen yon liv.

   a. Li va gen ladan istwa rachete yo ansanm ak Jezi, sovè yo. Rev.5 :9-10

   b. Jezi sèl ap kalifye pou ouvri liv saa, se li ki posede **sekrè kle la kwaa** pou 'louvri l. Rev. 5 :5

   c. Pa gen okenn anj nan syèl la ki kalifye pou kenbe l **paske yo pat janmen gen yon kò.** Ebre.1 :14 ; Rev. 5 : 1-7

3. Nowèl, se yon mistè de Kris ki pran yon kò pou 'l abite pami nou. Li anonse mistè redanpsyon an kote Kris mouri pou nou. Sa vle di se Bondye ki fè l moun pou sove tout moun. Jan.3 :16 ; 2Ti.2 : 3-4

Pou fini

Kris pa nan krèch Bètleyèm ni Golgota non plis. Li vini pou 'l fè la desann nan kè w. Eske w gen plas pou 'li ?

160

Kesyon

1. Pouki sa Kris te vini sou latè ?
   a. Pou sove lòm pèdi anba chenn peche
   b. Pou rekonsilye 'l ak papa Bondye.

2. Ki kote demach sa yo komanse sou la tè ? Nan Bètleyèm

3. Pouki sa ? Ou pa kapab pale de lanmò yon moun si moun nan pa te fèt.

4. Ki rapò genyen ant Bètleyèm e Golgota?

   Bondye satisfè jistis li ak bonte li nan lanmò Kris

5. Eksplike :
   Bondye montre bonte 'l kan li voye Jezi nan monn sa pou sove nou. Li satisfè jistis li kant li ofri Jezikri nan plas nou tankou yon viktim pou peye dèt peche nou.

6. Ki jan nou di ke vini Kris chanje jan istwa te ye ?
   a. Li modifye kalandriye a
   b. Syèl la pral resi gen yon liv
   c. Se Jezi sèl ki kap louvri l.

7. Ki sa Nowèl la ye ojis?
   Se mistè Bondye ki fè 'l moun tankou nou, pou sove nou

Lis vèsè yo

1. Bay, Bondye va ban nou. La lage yon bon mezi, byen souke, byen foule, ak tout tiyon l', nan pòch rad nou. Mezi nou sèvi pou mezire lòt yo, se li menm Bondye va pran pou mezire nou tou.. Lik.6 :38

2. Nou pa t' pote anyen lè nou te vin sou latè. Pa gen anyen nou ka pote ale non plis lè n'a kite li.1Ti.6 :7

3. Men, moun ki vle vin rich, yo tonbe nan tantasyon. Yo kite yon bann move lanvi san sans pran yo nan pèlen. Se lanvi sa yo k'ap fè moun pèdi tou sa yo genyen, k'ap fini nèt ak yo. 1Ti.6 :9

4. Lè ou bay ak kè kontan, ou p'ap janm manke anyen. Lè ou manje ak moun, ou pa janm rete grangou. Pwo.11 :25

5. Sa yo te pote deja a te menm twòp pou travay ki te gen pou fèt la. Egz.36 :7

6. Bondye menm gen pouvwa pou 'l' ban nou tout kalite benediksyon an kantite. Li fè sa, pa sèlman pou nou ka toujou genyen tou sa nou bezwen, men pou nou ka gen rès ki rete pou n' fè tout kalite bon zèv. 2Ko.9 :8

7. Se pou chak moun bay jan yo te deside nan kè yo, san yo pa règrèt anyen, san moun pa bezwen fòse yo, paske Bondye renmen moun ki bay ak kè kontan. 2Ko.9 :7

8. Men, kisa m' ye, kisa pèp mwen an ye menm, pou m' ta kapab ofri ou tout bagay sa yo ak tout kè nou? Se nan men ou tout bagay sa yo soti, se nan sa nou resevwa nan men ou n'ap ba ou. 1Istwa.29 :14

9. Sa depase sa nou te kwè a anpil: yo ofri tèt yo bay Seyè a anvan. Apre sa, yo ofri tèt yo ban nou jan Bondye vle l' la. 2Ko.8 :5

10. Fè lwanj non Seyè ki gen pouvwa a! Adore Seyè a nan bèl kay ki apa pou 'li a! Sòm. 29 :2

11. Pawòl ou se yon chandèl ki fè m wè kote m'ap mete pye m', se yon limyè k'ap klere chemen mwen. Sòm 119 :105

12. Lè sa a, yonn nan granmoun yo di mwen konsa: Pa kriye. Gade. Men lyon ki soti nan fanmi Jida a, pitit pitit David la, ki te genyen batay la. Li ka kase sèt sele yo pou 'louvri liv la. Rev. 5 :5

Evalyasyon

1. Nan douz leson yo ou soti wè a, ki lès nan yo ki pi touche w ?
   a.   Pou tèt pa w ?_____
   b.   Pou fanmiy w?   _____
   c.   Pou 'legliz ou?_____
   d.   Pou peyi w?_____

2. Ki desizyon w apre klas la?

   _____

3. Ki konsèy ou ta bay Lekòl dimanch la :

   _____

4. Kesyon pèsonèl :
   a.   Ki jan de kontribisyon mwen te kap pote nan Legliz la?_____
   b.   Ki jefò mwen fè pou m amelyore kondisyon l_____
   c.   Si Jezi vini kounyeya, eske mwen pral fyè de travay mwen? _____

Table des matières

166

Ti detay sou vi Pastè. Renaut Pierre-Louis

Pastè nan Legliz Batis Saint Raphael,	1969
Diplômen nan Teoloji nan Seminè Batis Limbe,	1970
Diplômen nan Lekòl kontablite Julien Craan	1972
Pwofesè Angle ak Panyòl nan Collège	
Pratique du Nord au Cap-Haitien,	1972
Pastè nan Premye Legliz Batis nan Cap-Haitien,	1972
Pastè nan Legliz Batis Redford,	
Cité Sainte Philomène,	1976
Diplômen nan Lekòl Avoka au Cap-Haitien	1979
Fondatè Collège Redford ak l'Ecole	
Professionnelle ESVOTEC,	1980
Pastè nan Legliz Batis Emmaüs à Fort Lauderdale	1994
Pastè nan Legliz Batis Péniel à Fort Lauderdale	1996

Pastè pandan senkantan (50) , Avoka, Poèt, Ekriven, Konpozitè Teyat, li jwe teyat
Jodia sèvitè Bondye sa pote pou nou «Dife Anjandre a »
Se yon liv pou enstri nou. Li gen gwo koze nan teoloji ladan. Li déjà fè gwo chanjman nan fason pou anseye nan Lekòl Dimanch e nan fason pou nou prezante mesaj Pawòl Bondye a.
Pastè yo, predikatè yo, monitè yo, kretyen ki gen zye klere yo, tanpri, pran Dife Anjandre a. Kan w fini, pase l bay yon lòt. 2 Tim. 2:2